和谐校园文化建设读本

小学教师教学艺术12讲

丁宥允/编著

吉林教育出版社

图书在版编目(CIP)数据

小学教师教学艺术 12 讲 / 丁宥允编著. 一 长春：吉林教育出版社，2012.6（2018.2 重印）
（和谐校园文化建设读本）
ISBN 978－7－5383－8749－0

Ⅰ．①小… Ⅱ．①丁… Ⅲ．①小学教师－教学艺术－研究 Ⅳ．①G622.0

中国版本图书馆 CIP 数据核字(2012)第 116028 号

小学教师教学艺术 12 讲   丁宥允　编著

策划编辑　刘　军　　潘宏竹
责任编辑　刘桂琴　　　　　　　　　　　**装帧设计**　王洪义

出版　吉林教育出版社(长春市同志街 1991 号　邮编 130021)
发行　吉林教育出版社
印刷　北京一鑫印务有限责任公司

开本　710 毫米×1000 毫米　1/16　　13 印张　　**字数**　165 千字
版次　2012 年 6 月第 1 版　2018 年 2 月第 2 次印刷
书号　ISBN 978－7－5383－8749－0
定价　39.80 元

编 委 会

总 序

千秋基业，教育为本；源浚流畅，本固枝荣。

什么是校园文化？所谓"文化"是人类所创造的精神财富的总和，如文学、艺术、教育、科学等。而"校园文化"是人类所创造的一切精神财富在校园中的集中体现。"和谐校园文化建设"，贵在和谐，重在建设。

建设和谐的校园文化，就是要改变僵化死板的教学模式，要引导学生走出教室，走进自然，了解社会，感悟人生，逐步读懂人生、自然、社会这三部天书。

深化教育改革，加快教育发展，构建和谐校园文化，"路漫漫其修远兮"，奋斗正未有穷期。和谐校园文化建设的研究课题重大，意义重要，内涵丰富，是教育工作的一个永恒主题。和谐校园文化建设的实施方向正确，重点突出，是教育思想的根本转变和教育运行机制的全面更新。

我们出版的这套《和谐校园文化建设读本》，全书既有理论上的阐释，又有实践中的总结；既有学科领域的有益探索，又有教学管理方面的经验提炼；既有声情并茂的童年感悟，又有惟妙惟肖的机智幽默；既有古代哲人的至理名言，又有现代大师的谆谆教诲；既有自然科学各个领域的有趣知识，又有社会科学各个方面的启迪与感悟。笔触所及，涵盖了家庭教育、学校教育和社会教育的各个侧面以及教育教学工作的各个环节，全书立意深邃，观念新异，内容翔实，切合实际。

我们深信：广大中小学师生经过不平凡的奋斗历程，必将沐浴着时代的春风，吸吮着改革的甘露，认真地总结过去，正确地审视现在，科学地规划未来，以崭新的姿态向和谐校园文化建设的更高目标迈进。

让和谐校园文化之花灿然怒放！

本书编委会

目 录

第一讲　切实做好教学前的准备工作

做好课前准备在教师的日常教学工作中占有很重要的地位。教师为完成课堂教学任务而做的工作,如分析教材、确定教学目标、设计教学过程、撰写教案、制作课件;因此,切实做好教学前的准备工作,才能提高课堂教学效率,保证课堂教学顺利实施。

第一节　重视学生个性差异制定教学方案

教案,是教师根据教材内容精心设计的蓝图,是把握大纲和处理教材的结果体现,也是课堂教学所遵循的章法。课堂教学效果的好坏,与教案的设计和编写息息相关。因此,教师要重视学生个性差异,制定全方位教学方案。

一、编写课堂教案的基本程序

编写教案的过程是一个有程序的系列活动过程,我们可把它的基本程序概括为:

(一)钻研教学大纲和教材

撰写教案首先要吃透教学大纲和教材,这是撰写教案的前提,也可以说是撰写教案的出发点。教师在充分了解教学大纲的基础上,仔细阅读自己所教年级的教材,明确在教学中,使学生学习什么和解决什么。这里包括:弄懂什么——理论、原理、定理、法则、公式、规律等;学会什么——技能、技巧;发展什么——智力、能力;培养什么——道德品质、习惯;形成什么——思想观点和世界观。如果教师不能做到这一点,教学就是盲目的活动,教学目的就无法实现。所以教师必须通过编写教案,掌握教学目的要求,并转化为教师进行教学活动的指导思想。

（二）充分了解学生个性差异

由于学生个体存在差异,教学过程中如果对每个学生都采用一样的施教要求,势必导致"强者兴趣过剩,弱者畏难扫兴"。针对班级不同的学生,要设计与其水平相应的设问、课堂活动等。它可以使绝大多数学生都能积极参与到课堂中来,改变应试教育那种"好学生撑场面,差学生当看客"的被动局面,从而提高教学效率,顺利实现教师事先制定的不同目标,还能因人而异使每个学生的个性得到发展,使学生真正成为学习的主人。

（三）明确教学目的

所谓教学的目的就是教师通过课堂教学,使学生获取哪些知识,培养学生哪些能力,如何提高他们的素质。编写教案时,教师必须根据教学大纲的要求确定每个单元及每节课的教学目的。

教学目的必须在制定每单元、每节课的教学计划上具体化,而其中最重要的又是落实到每节课的教学目的上。在编写教案时,教师必须使制定的每节课的教学目的都能反映出整个课堂的教学目的。

（四）确定每节课的重点、关键和难点

教案的编写,就应该将教学的目的、要求落实到每一节课的教学中去,正确划分每节课的教学内容,并找出教学的重点、关键和难点。重点内容的教学要求比较高,在教案的编写过程中要多花气力,在安排教学计划上要多给课时、多做练习,使学生对重点内容能达到牢固掌握、灵活运用的程度。教学的难点就是指学生难于理解的知识,或是难于培养的能力。教学难点不仅要根据教学大纲和教材来考虑,还要根据学生的实际情况来确定。对于这些难点要讲清楚,使学生能按教学大纲和教材的要求,对难点内容有所掌握。不过,很多难点并不是要求学生一定要掌握的内容。对于这些难点不要花过多的气力去讲解,有的还可以"回避"。

(五)确定教学过程,选择合适的课型

教学过程是非常复杂的,不是只让学生掌握知识,而是要让他们在掌握知识的同时,掌握探求知识的能力与方法,培养正确的观点,从而有所发现,有所前进。教学过程确定之后,课的类型也就随之确定了。根据每一节课所要完成的具体教学任务不同,一堂课可以划分成若干种不同的类型,如绪论课、研究课、讨论课、学生实验课等。各种课型之间是密切联系的,不过,一堂课究竟采用什么课型,必须在编写教案中确定下来,这是一堂课取得成功的基本保证。

二、教案要素的构成

一份完整的教案一般来说主要包括以下几部分:

1.基本情况:主要包括课程名称、授课内容、教学日期,授课教师姓名、职称、授课对象、授课时数以及教材名称及版本等。

2.教学目标:每堂课应设计明确的教学目标。这种目标制定要符合大纲和学生的实际,要在45分钟里实现的"实在"的具体目标要求,既包括知识、能力的要求,也包括德育、智育的要求。根据这种目标要求确定每堂课的重点、难点。

3.教学过程即教学步骤:这部分内容是教案设计的重点。主要指教学活动的整个流程。包括课堂提问的顺序、内容,课件的演示等细节。为掌握好时间的进度,有时还需要标记每个环节所需要的时间。

教学过程一般从复习检查、导入新课开始,这阶段重点要设计如何导入,导入时引导学生参与哪些活动,如何给学生创设良好的学习氛围。进入学习新课阶段后,突出问题和情景的设计,如设计怎样的问题或情景让学生对新课内容进行探究,如何探究?如何激发学生的学习兴趣?这部分又是教案设计中教学过程中的难点。第三阶段是对新课的巩固练习,主要靠设计些练习题,让学生动手练,使所学知识得以迁移巩固,最后布置作业。

教学过程也没有固定的模式,关键是在讲与练的处理上,练习不仅是一个教学环节,更是一种教学方法。讲中有练,练中有讲,讲练结合,效果更好些。

4.课后要求:主要设计如何获得必要的反馈信息,即教学评价,为教师反思教学提供重要的依据。

三、教案的设计必须注意以下几点

其一,既然教学包括教和学两个方面,这就要求教案的设计必须包括教师教的活动和学生学的活动两个方面的内容,那种只设计教师教而不设计学生学的教案不是好的教案。

其二,既然教学是在教师组织下的有目的、有计划的学习活动,主体是学生,本质是学。这就要求教案的设计必须针对各种学生的不同情况,遵循特定的教学规律,采取多种多样的组织活动手段,重视学生学习活动的设计。

其三,既然教案是一种教学方案,作为方案设计就得体现出具体教学内容和实施内容的具体活动方法和步骤,设计教学过程中该"做什么""怎么做"和"什么时候做"等具体步骤。

其四,作为教案的设计,其终极目的不是为了迎合某种检查,给别人看的,而是为了自身教学的反思,追求质量、素质的提高,因而教案的设计要尽量因人、因课、因教学内容的不同而不同,倡导个性化、创新性教案,倡导开放性和灵活性教案。具体说,设计教案,内容上不要过于详尽,形式上不要过于琐碎,结构上不要过于程式化和封闭化,而要体现内容上的概要性,形式上的模糊性,结构上的不确定性,以便能够适应情境,容纳新内容,确定新策略,为教学中师生互动共振、互生新知、互建新情留有余地。

四、优秀教案应具备的特点

对优秀教案特点的归纳,可以从不同角度进行归纳,一般来说,不外乎以下几个方面：

（1）科学性

所谓符合科学性，就是教师要认真贯彻课标精神，按教材内容结合学生的实际情况，科学地确定教学目标、重点、难点，设计教学过程，避免出现知识性错误。这是对教案的基本要求。

（2）创新性

编写教案应力求体现教学改革精神，做到有创新、有改进、不断完善。编写者应充分利用网络资源，查阅网上本学科国内外最新的研究成果和发展态势，参阅一定数量的其他有关教材和参考书籍，拓展知识视野，创新编写思路，编写出具有创造性的教案。

（3）差异性

由于每位教师的知识、经验、特长、个性是千差万别的，而教学工作又是一项创造性的工作。因此写教案也就不能千篇一律，要发挥每一个老师的聪明才智和创造力，所以老师的教案要结合本地区的特点，因材施教。

（4）艺术性

教学是一门艺术，教学要讲究技巧。教案的艺术性就是通过教案的设计，不仅让学生在课堂上能学到知识，而且要让学生乐于接受知识。这就要求我们在教案的设计中灵活地使用穿插案例、设计提问、交流互动等方法调动学生的积极性。

（5）可操作性

教师在写教案时，一定要从实际出发，考虑教案的可行性和可操作性。该简则简，该繁则繁，要简繁得当。

五、教案的基本形式

教案的基本形式一般有记叙式、表格式、卡片式三种。

（一）记叙式

记叙式教案是主要用文字形式将备课的结果表达出来的教案。记叙式教案的教学信息容量较大,表述细致,编制简单,是最基本最常用的教案形式。记叙式教案的具体编写方式有两种:一是讲稿式的详案,二是纲要式的简案。详案要求把教学过程中的教学内容、教学步骤和教学方法都详细写出来,类似讲稿。详案有助于教师科学地、准确地控制教学进程,发挥教师的主导作用;简案只写教学内容的要点、主要教学步骤和主要教学方法,类似讲课提纲。简案可以节约编写时间,便于教师有更多的时间去熟悉教材,研究教法,把课上得生动活泼,还可以促使教师灵活控制教学活动程序,不断提高自己的教学能力,避免照本宣科。教案是详写还是简写,应根据教师的教学经验来决定。经验丰富的教师可编写简案,新教师则一般应以详案为宜。

记叙式教案基本形式及主要内容简述如下:

×××学科教案

年　月　日

学校　年级　班
教师

1. 单元名称

2. 教学目标

3. 学生情况分析

4. 教学内容分析

5. 教学过程的具体安排

(二)表格式

表格式教案是以表格形式呈现备课内容的教案。表格式教案具有言简意赅、重点突出、使用方便的特点,它把上课时的各种因素,如教学内容、形式、板书、时间、教学设计等,加以合理组合,相互对应地写进教案。教师上课通过看表格,就可明白各种因素的要求,从而综合运用,灵活掌握。也可以把表格式教案事先印发给学生,作为学生学习的提纲,这可以减少教师课堂上的讲解时间,从而留出更多的时间让学生自学、讨论,既能活跃课堂教学,又能提高教学质量。

表格式教案示例:

科目:第五册语文	第8课	
课题	8.我不能失信	
教学目标	1.正确、流利、有感情地朗读课文。 2.能概括课文的主要内容。 3.能结合课文,联系生活实际,和同学交流读后的感受。	
教学重点	如何使学生通过对话和动作来领会人物的内心世界和性格特点。	
教学难点		
教学准备	发动学生寻找宋庆龄的生平资料,阅读有关宋庆龄的故事。	
教学过程	一、谈话激趣,导入课题 1.同学们,你有好朋友吗?你觉得什么样的人才能成为你的好朋友? 学生畅所欲言,当有人说出守信用时,板书。 2.今天我们就来学习一对好朋友之间守信用的故事。板书课题,解释题意:"信"指什么?"失信"是什么意思? 二、初读感知新课标 1.请各自轻声读课文,遇到生字拼读一下括号里的注音,读不通顺的地方反复多读几遍,把课文读顺畅。 2.分自然段指名朗读检查。 3.讨论讲解: a.故事发生在什么时间?	修改意见:

	b.文中讲到了哪几个人？他们间有着怎样的联系？ c.完整地说说课文主要讲了一件什么事。 课文讲了一个星期天,宋耀如一家准备到一位朋友家去,二女儿宋庆龄也很想去。她突然想起今天上午要教小珍学叠花篮,爸爸妈妈都劝她改天再教,但她为了守信就留了下来。 三、分角色朗读 1.交代任务:前后四位学生为一组,分角色朗读,一位读旁白,其余三位分别读爸爸、妈妈和宋庆龄的话。先组内练习,然后小组间比赛。 2.组内安排角色,各组练习,教师巡视。 3.小组进行比赛。 4.同学评议,推选优胜组。 四、课本剧表演 五、讨论深化 1.读了这个故事,你喜欢宋庆龄吗？为什么？如果是你,你会怎样处理这件事？ 2.在我们的身边有这样的诚实守信的人和事吗？	
备注		

（三）卡片式

卡片式教案就是教师将教案的纲要、重点、难点和易忘记的教学内容以及需要补充的材料等以卡片的形式呈现的一种教案。卡片式教案具有在课堂教学中提示教师的作用，通常有两种形式：一是教案纲要提示；二是教学内容提示和材料补充。卡片式教案形式灵活、方便，利于教案的经常修改和补充，在辅助课堂教学方面，是一种行之有效的方法。

第二节　　不断完善教学方案
制定教学目标

在整个教学过程中，教学目标的制定是非常关键的一个环节。因为教学目标在教学活动中处于核心位置，它决定着教学行为，不仅是教学的出发点而且是教学的归属，同时还是教学评价的依据，它既有定向功能又有调控功能。倘若确立教学目标这个环节出了毛病，必将导致教学活动的偏差或失误。因此，必须十分重视目标制定这项工作。

一、教学目标定义

1934 年美国俄亥俄州立大学的泰勒首先提出：教学目标（objective of teaching）是指教学中学生通过教学活动后要达到的预期的学习结果与标准。教学目标具有一定的层次性。教学目标有宏观目标和微观目标之分。宏观教学目标，指课程标准规定的最终目标。微观目标，指每一个单元，每一个课时要达到的教学目标。教学目标又可分为显性目标和隐性目标。显性目标是通过学习产生能够看见的效果。隐性目标，如情感、态度价值观方面的收获。

二、教学目标的功能

教学目标具有多方面的功能，但总体而言，主要可以概括为四大功能，即导向功能、激励功能、评价功能和聚合功能。

第一，导向功能，即教学目标对整个教学活动的指引、定向功能。由于教学目标是对教学活动预期结果的展望，因此，教学目标必然会在一定程度上影响教学设计的方向，调控教学过程有序进行，使师生在教学过程中能够紧跟教学目标的导向而排除一些无关刺激的干扰，从而把注意力和探究的热情都保持在相关的问题以及事物方面。

第二，激励功能，即教学目标能够激发教师和学生教和学的积极性、主动性。人们心目中一旦拥有了追求的目标，这种目标便会成为一种巨大的力量激励人们奋发图强，从而实现预想的目标。教学目标使教师的教有了追求的目标，同时也使学生的学有了向上的动力与支持。但是，并非所有的教学目标都能够发挥这样的功能，只有当教学目标真正被教师、学生所理解、接受，并且一定程度上满足了他们的需要的时候，该教学目标才会发挥如此激励功能。

第三，评价功能，即教学目标成为衡量教学效果的尺度、标准。教学活动是以教学目标的制定作为起点来进行的，同时，教学目标也是教学活动的终点，教学活动的效果是要通过检验该教学活动实现教学目标的程度作为标准的，特别是在泰勒的课程目标理论影响颇深的中国更是如此。但是如果教学目标本身存在问题，那么就会导致教学评价的信度、效度缺乏应有的保证而使教学评价无法发挥真正的作用，因此，在实践操作中要加强对教学目标本身的合理性的反思与批判。

第四，聚合功能，即教学目标能够对教学系统内其他要素进行优化、组合、协调，使整个教学系统能够发挥最佳的教学效果。教学构成的各个要素，不管是教师、学生，还是教学内容、教学方法、教学环境、教学手段等，无一不是为了教学目标服务的，由此可见教学目标在整个教学组织系统中的核心地位。

三、教学目标的特点

为了进一步理解教学目标，我们可以通过剖析其特点来深化认识。

（一）预期性

教学目标是师生在教学活动中预期达到的教学结果，也就是说在教学活动之前，即预见到教学活动可能促使受教育者身心方面发生哪些变化。教学目标以教学对象发展现状为基础，但又超越其发展现状，是经过努力可以达到的要求。布卢姆认为，有效的教学始于教师知道希望达到的目标是什么。预期要达到的教学目标是否明确、具体、科学，直接影响教师的教学实践是否有成效。

（二）系统性

教学目标是一个由若干具体目标组成的系统整体，具体教学目标之间构成一个有机联系的网络，因此必须以系统联系的观点来看待教学目标。组成教学目标系统整体的各具体教学目标，都不是孤立的，在实践各具体教学目标时，应该将其放到整个教学目标系统中来确定其地位及价值。因此，"教学的艺术在于：把一个复杂的最终产物分解为必须分别并按某种顺序达到的组成部分。教授任何一种事物，便是在向着终极目标前进时，一面记住所要达到的最终模型，一面集中力量走好每一步。"教学目标的系统性与可分解性是辩证统一的。

（三）层次性

教学目标系统内部的各具体目标并非都处在一个层面上，而是层级分明、连续递增的。较低层次的教学目标是较高层次教学目标的分解或具体化，较高层次教学目标的实现以较低层次教学目标的实现为基础。各项教学目标的实现，都要遵循从易到难，从简到繁、一级一级地向上发展。当教学达到了某一目标时，便为实现高一级的目标打下了基础，并向终极目标逼近了一步。越过较低层次教学目标而直接实现较高层次的目标，是不现实的、难以取得理想效果的。

（四）可行性

一般说来，教学目标清晰、明确、具体、可行，有利于其在实践中顺利达成。经验表明：人们在确定其实现目标时，除了考虑目标的价值外，还要考虑目标实现的概率。若达成的可能性很大，且易于操作，就会努力促成目标的实现，使目标的潜在作用得到最大限度地发挥；若目标笼统且难度很大，达成的概率微乎其微，人们便会望而生畏、知难而退，目标本身也便失去了应有的价值。因此，一种正确的教学目标必须具有可行性和现实性。

（五）灵活性

教学目标可以因校、因课、因班制宜，由教师根据具体教学实际编制，内容水平可以有一定的弹性，留有余地，以便灵活掌握，获得最佳成效。教学目标的灵活性，使对它的编制工作成为一种艺术。教学目标的灵活性是由教学活动的复杂性决定的，同时它又为教师创造性地开展教学工作提供了机会。具有灵活性的教学目标，对于更好地适应学生的学习特点，使其通过教学目标的实现而获得相应的身心方面的发展，也有着不容忽视的重要意义。

最后，在这里强调教学目标具有一定的生成性。教学目标虽然是对教学结果的一种预测，但是，这种预测并不是一成不变的、固定僵死的，而是对教学结果有个大概的预测框架内保留有一定的生成空间。教学过程是具体的、鲜活的，在这个过程中充满着诸多的不确定性，有很多种预想不到的事情会发生，这也正好是教学目标的生成的过程。

四、教学目标的分类

（一）布卢姆教学目标的分类

美国教育家布卢姆长期从事教学目标研究，他和同事一道对教学目标分类体系的课题展开了大规模的研究，把教学目标分为三个方面，分别是：认识领域、情感领域和动作技能领域。布卢姆的总的思想可以概括为：复杂行为可以分解为比较简单的行为，教学目标可以用可见的行为来表示，这样可以使教学效果清楚、可鉴别、可测量，从而便于把握教学目标的达成度。

目标领域	目标层次	目标内容
认知领域	知识	具体知识、方法知识、原理和概念知识
	领会	转化、解释、推断
	运用	概念移用、预测、情境运用、实验、鉴别、联系
	分析	要素分析、关系分析、组织原理分析
	综合	独特交流、制订计划或操作程序、推导抽象关系
	评价	依据内在证据判断、依据外部准则判断
情感领域	接受	觉察、愿意接受、有控制或有选择的注意
	反应	默认的反应、愿意的反应、满意的反应
	价值评价	接受、偏好、信奉
	组织	价值的概念化、价值体系组织
	个性化	泛化心向、性格化动作技能领域
动作技能领域	知觉	感觉刺激、线索选择、转化
	定势	心理定势、生理定势、情绪定势
	指导下的反应	模仿、协调
	机制	信心和熟练基础上的反应
	复杂外显反应	消除不确定性、自动化操作
	适应	动作改变以符合新情境
	创作	创造新行动或材料

(二)加涅的学习结果分类系统

加涅提出了五种学习的结果,实际上是把教学目标分为五类。这五种学习结果分别为:智力技能、认知策略、言语信息、运动技能、态度。

学习类型	目标内容
智力技能	鉴别作用、获得具体概念、定义概念、掌握规则和高级规则
认知策略	编码的策略、记忆探求的策略、检索的策略、思考的策略
言语信息	获得事实或事件信息
运动技能	执行连贯操作
态度	选择行动倾向

智力技能是指能使学生运用符号与环境相互作用的能力;认知策略是指控制个体内部行为的能力;言语信息是指能通过言语获得传达的信息内容的能力;运动技能是指能够经过训练在一定时间内完成一个连贯的、精确的完整动作的能力;态度是指具有选择某种行为的倾向。这五种学习结果强调由简单学习向复杂学习的递进,同时它们也是相互联系和相互促进的,且内部各层级之间相互渗透。这对于教师综合各种学习条件、促进学生的多方面整体发展起着积极的支持作用。

(三)巴班斯基的教学目标分类理论

前苏联著名教育家尤克巴班斯基根据总的教育教学目的,提出综合规划和具体确定课堂教学任务的课题,强调教学目的任务的整体性,认为教学过程必须执行三种职能,即教养职能、教育职能和发展职能,对教学的较为具体的任务作了分类。实际上就是把教学目标分为三类,即教育目标、教养目标和发展目标。如下所列是其规划方案。

(1)教养性任务(目标)。形成理论知识和该学科所特有的专业技能技巧,保证在课堂教学中掌握(复习、巩固)基本概念、规律和理论,培养该学科的专业技能(教师列出可能项目)。

（2）教育性任务（目标）。教师应设法掌握对学生进行共产主义教育的各个基本方面，培养他们的辩证唯物主义世界观，进行思想政治教育、劳动教育、道德教育、美育和体育。

在课堂教学过程中促进树立下列基本世界观观点：保证在课堂教学过程中学习马克思列宁主义经典作家的著作、苏共文件；促进完成劳动教育和职业定向的任务；促进学生的道德品质教育，特别注意培养爱国主义、国际主义、集体主义、伦理规范、人道主义、积极的人生观，对资产阶级道德持不调和态度（指出该班学生学习该专题时最可能顺利完成的任务）；促进培养学生美学观点和审美技能等；促进培养卫生和体育技能。

（3）发展性任务（目标）。发展学生的智力、意志、情感和动机（需要、兴趣等）。

培养下列一般的学习技能技巧（拟订答案提纲、比较、概括、使用书籍、阅读和书写速度、自我检查等）；促进培养学生意志和毅力（通过解答疑难问题，引导学生参加讨论等加以培养）；培养学生的情感（通过在课堂上创造惊奇、愉快、妙趣、离奇、情绪体验等情境来培养）；培养学生的学习兴趣（指出所学问题对发展科学、技术生产的意义，指出这些问题对学生的职业定向以及培养爱好的作用，把游戏的情境引入教学等）。

五、课堂教学目标的制定

每门具体的学科目标都应包括三个方面的内容：（1）知识与技能：即每门学科的基本知识和基本技能。（2）过程与方法：即让学生了解学科知识形成的过程、"亲历"探究知识的过程；学会发现问题、思考问题、解决问题的方法，学会学习，形成创新精神和实践能力等。（3）情感、态度和价值观：即让学生形成积极的学习态度、健康向上的人生态度，具有科学精神和正确的世界观、人生观、价值观，成为有社会责任感和使命感的社会公民等。具体而言，情感：不仅指学习兴趣、学习热情、学习动机，更是指内心体验和心灵世界的丰富。态度：不仅指学习态度、学习责任，更是指乐观的生活态度,求实的科学态度和宽容的人生态度。价值观:不仅强调个人价值,更强调个人价值与社会价值的统一;不仅强调科学价值,更强调科学价值与人文价值的统一;不仅强调人类价值,更强调人类价值与自然价值的统一,从而使学生从内心确立起对真善美的价值追求以及人与自然和谐、可持续发展的理念。

可以说,知识与技能维度的目标立足于让学生学会;过程与方法维度的目标立足于让学生会学;情感、态度与价值观维度的目标立足于让学生乐学。任何割裂知识与技能,过程与方法,情感态度与价值观三维目标的教学都不能促进学生的健全发展。

六、制定教学目标有以下依据

1. 课程标准

课程标准规定了学科教学的目的、任务、内容及基本要求,它是编写教材、进行教学、评价教学质量的依据,当然,也是制定教学目标的依据。一方面,我们编制的所有目标不应当超标,另一方面,全部目标的合成,也不能低于标准的总体要求。

2. 教学内容

不同教材有不同的特点,不同的教学内容也有不同的教学要求。要吃透教材,把握编者意图,顺着编者思路去设计教学目标,要根据教学内容的实际情况去考虑目标的侧重点。比如初中语文教材是按单元编排的,每个单元冠有"单元提示",在其简短的文字中,已将学习该单元的要求作了交代。在教参课文的课题下面,印有该课的"训练重点",在其他课文中也作了类似的说明。这些材料都不是闲言废语,它们已把编者的意图告诉了我们。在编写教学目标时,要紧扣这些文字,努力用具体的目标来落实其要求,并把它们当作中心目标或重点目标来对待。

3. 学生实际

学生是学习的主体,脱离学生实际的教学目标没有任何实用价值。对学生年龄特点和实际学习能力必须予以充分考虑,在重视保护学生学习积极性的同时,还要适当照顾"两头",即对学得较快与学得较慢的学生因材施教。

4.社会需要

大纲和教材都是静态的,往往几年不变,而社会发展却是动态的,可以说教材内容对时代进步来说,总是滞后的。在制定教学目标时应当考虑到这一点,适当地根据社会需要,充实必要的内容

七、编制教学目标的意义

编制教学目标包括两个方面:编写一系列明确、具体的教学目标和把这些教学目标组织成一个层次分明的体系。这项工作的意义可以从两个方面来论述:一是有利于课程规范化,二是有利于教与学。

1.有利于课程规范化

首先,编制教学目标能制约教学设计的方向,保持课程的稳定性,这是课程规范化的先决条件。教学目标不仅在方向上对教学活动的设计起着指导的作用,而且对教学设计的步骤和方法有规定制约的功能。教学活动要取得怎样的结果,先达到什么结果,后达到什么结果,它们之间应具有怎样的逻辑联系等,这些都取决于学习目标的陈述。学习目标预先规定了教学活动的大致过程。

教学活动展开的过程也就是教学目标一一落实的过程。因此,明确的学习目标有利于对教学活动的控制,有利于提高教学设计的科学性。在教学实施过程中,教师和学生对课程结束时要求学生掌握的能力有一个清晰的概念,这有助于保持课程方向的明确性,保持课程内容和活动的稳定性,防止个别人员对教学大纲另作随意解释。

其次,编制教学目标有利于交流和沟通,这是保证课程规范化的手段。学习目标有利于在教学中使用统一的术语。在学习目标的具体规定上,过去缺乏共同统一的规范术语,同样提出的要求,由于各人在理解上的悬殊,使学习目标失去了客观的衡量标准。面对各项学习要求,学生也不十分明确应学到怎样的程度才算合格。在教学目标上没有统一

的术语,不仅教师之间缺乏交流、研讨的基础,而且,师生之间也不能科学地利用反馈——矫正的环节来有效地改进教学。学习目标提出了有利于师生双方共同遵循的客观标准,为保证教学效果提供了有利的条件。

还有,编制学习目标能提供教学评价的依据,这是课程规范化的主要目的之一。教学过程中进行教学质量评价的方法有诊断性评价和形成性评价,无论哪一种评价在拟订测验题时都要以学习目标为评价依据。因此要开展科学的评价首先要提供可测量的学习目标。制定学习目标如果仅仅是教师的假设和期望,而不能确切表达学习者应获得的学习结果,假如只是用"了解""深刻了解""掌握""熟练掌握"等词语,缺乏质和量的科学的、客观的、具体的规定性,则无论是测验的效度、信度还是试题的难度、区分度都将失去合理的保障,用这种测验来衡量和评价学习者的学习结果和学习水平就容易失误。因此,学习目标是进行科学的测试、作出客观评价的基础。

2.有利于教师的教学

通过对教学目标的确切把握,有利于教师制定恰当的教学策略,选编合适的教学材料,以及合理地评价学生的学习效果。有一种反对使用学习目标的意见认为:编写学习目标不但困难而且费时,因此课堂教师可能不愿意拟定合适的学习目标,其实,这不是学习目标本身的缺点。阐明学习目标的确是一项艰苦细致的工作,但它有利于师资培训,有利于提高教师的教学水平。编写明确、具体的学习目标要求教师认真钻研教学大纲,对学科教材内容有深刻的掌握,并对学生的学习结果有清晰的概念,这无疑有利于教师正确地选择教学方法,妥善地组织教学过程,科学地进行教学评价。再则,阐明学习目标,意味着教师不仅明确某一特定教学活动所提出的学习目标,而且又能对它前后各个相关教学活动所要实现的学习目标以及它们之间的相互关系有所了解,这就为教师提供了一幅学习者在某一学科领域中认识和发展过程的蓝图。如果学习者的学习在某一方面存在缺陷,这幅蓝图将有助于教师切实了解学习者在学习上的失误所在,以便及时补差。

3.有利于学生的学习。

教学目标清楚地说明了学生所要学习的东西以及证明其已经学会的方法,这样学生就明确知道了教师的期望,并以此指引自己的学习方向。对于学习者来说,如果明确了学习目标,他们会有更强烈的参与感,能更好地制定自己的学习计划,减少学习中的盲目性,确定学习重点;由于了解了确切的学习要求,在他们达到目标时,成就动机被激发,对参加以后的学习活动会更加主动积极,对通过考试更具有自信心。

第三节　优化课堂教学结构
提高教学效率

课堂教学结构是指教学活动的基本要素和层次之间的有机联系和方式,是对教学活动中的各要素组织的环节和施教的步骤。课堂教学的效果如何,常常取决于课堂教学结构是否优化以及优化的程度如何,取决于教学诸要素构成的合力大小。课堂教学结构越合理,各要素之间的相互作用就越协调,课堂教学就越能进入优化境界。在教学中,优化课堂教学结构应该是教师提高课堂教学效率、取得最佳教学效果的目标追求。

一、课堂教学结构优化的内容

构成课堂教学结构的基本要素是多方面的,其中主要包括教师、学生、教学内容、教学手段和教学环境等。

优化课堂教学结构,首先要优化课堂教学活动中的这些基本要素。在课堂教学中,教师是主导,课堂教学内容的安排、形式的组织、方法的选用、过程的调控等等,主要都是由教师决定的,因此,教师必须充分发挥自己在课堂教学过程中的作用,努力提高自身素质,精选教学内容,有效进行课堂组织,灵活选用教学方法,善于调控教学进程。在课堂教学中,学生是教学活动的主体,教学活动的一切方面和所有工作都是为了学生的发展,学生的学是课堂教学活动的中心,学生学什么、什么时候学、如何学等等,是教师和学生首先必须予以重视的问题。

教学内容是课堂教学结构中的主要要素,课堂教学中的教学内容,不仅仅是教材中的内容,教师在课堂教学中不是仅仅教教材,而是用教材来教,要在教材提供的内容的基础上,引导学生创新和开发,拓展教学素材,生成学习内容,把自然和社会的知识、人类的认识、情感、意志、行为、道德、态度、价值观等等内容有机地融合到课堂教学内容之中。在教学中,课堂教学手段已不再仅仅是过去的粉笔、黑板和教师的一张嘴,而要运用多种媒体实施教学,通过声、像、形、色、味等形式或手段显示教学内容,让学生通过眼、耳、口、手、脑等多种感觉器官感受和学习。

课堂教学环境主要包括学生学习的课堂组织、学习氛围和师生心境。课堂组织要有利于教学活动的顺利进行,可以是班级集体秧田式、马蹄式,也可以是学生个体自由组合式。课堂教学氛围最基本的营造标准是民主、平等、合作、宽松和活跃,要有利于学生学,有益于教师教,有助于取得理想的教学效果,师生心境要积极、愉悦,确保以最佳心境状态投入到教学活动之中。

二、课堂教学结构优化的策略

在新课改背景下,优化课堂教学结构要围绕着教学必须促进学生发展这一中心,以强化学生主体参与为重点,构建主体参与、启发诱导、分层优化、及时反馈和激励评价等教学模式,从探索最优化的学法和教法入手,激发学生主动参与教学全过程的积极性,使学生真正成为课堂教学的主体。

在这一教学思想的指导下,教师对课堂教学结构优化的主要操作策略包括:一是认知策略,即按照学生的年龄特点和认知规律安排课堂教学过程,组织课堂教学结构,引导学生的认知活动,力求使课堂教学过程符合学生的认识规律,使教师教的思路适应学生学的思路,并为学生创造良好的认知条件。二是目标策略,即课堂教学要有具体、明确、可测的目标,这一目标要包括认知内容的广度、深度,技能训练的重点、难点,过程、方法、情感、态度与价值观的发展与提升等。三是信息策略,即在课堂教学过程中,教师要充分调动学生参与教学活动的积极性、主动性和创造性。既充分发挥教师的主导作用,更要确保学生的主体地位,使教学信息传递迅速、有效,反馈及时、准确,师生配合默契,教学相长。四是时间策略,即在明确教学目标方向的前提下,正确处理好主导与主体的关系,摆正教与学的位置,分清重点内容与一般内容的联系,要妥善安排课堂教学中师生互动、生生互动和学生独立的活动,要合理分配和利用课堂教学时间。五是训练策略,即教学中安排学生的课堂训练要方向明确、内容适当、方法有效、步骤清楚,要有利于学生巩固知识、发展智力、培养能力、形成良好的态度、情感和意志品质。

三、课堂教学结构优化的要求

首先,课堂教学结构的优化要统筹兼顾教学活动中的各基本要素。教师、学生作为课堂教学中的"人"的要素最为关键,教为主导,学要主动,教学一体。教师发挥主导作用要与学生主体作用的发挥形成一个有机的整体。教师的教、学生的学都要以实现人的充分和谐发展为目的,教师要尊重学生的主体地位,增强主体意识,运用主体性教学策略,把可能的主体转变为能动的主体。教师要营造一种民主、平等、合作和愉悦的氛围,使学生产生最佳的学习心态,让课堂焕发出生命的活力。教师要把爱心、微笑、引导和激励带进课堂,要带着学生走向知识。教学内容作为教学活动的认知对象,一方面要目标明确、内容科学、价值性高;另一方面在广度上要紧紧围绕着教学目标,把精与博有机结合起来,既有精心筛选的教材内容,又有适当的延伸拓展;同时,在深度上要立足于教学目标,既适合学生的接受能力,让学生获得学习的满足感,又能不断开发学生的"最近发展区",以促进学生的发展。教学手段、教学环境作为教学活动中的媒介或桥梁,也是提高课堂教学效果的重要因素,只有通过适宜的、有效的媒介手段,才能保证课堂教学活动各基本要素和层次之间的相互协调,促进课堂教学进入最佳境界,才能实现课堂教学的自我完善,最终达到提高教学效果的目的。

其次,课堂教学结构的优化必须符合学生的认知过程和学习特点。在新课程课堂教学过程中,教学活动的任何一种基本要素作用的发挥,必须与学生的认知水平和学习特点相适应,脱离学生认知过程和学习特点的课堂教学活动,无论其内容是多还是少,是深还是浅,也无论其形式是繁还是简,都不会产生良好的教学效果。在新课程教学中,要实现课堂教学结构的优化,教师必须从学生的现有知识水平、心理特点和智力发展状况等多种因素出发,根据学生具备的能力,制订切实可行的教学目标,并创造各种有利条件促使目标的达成。同时,课堂教学结构的优化还要从学生的兴趣、爱好出发,激发学生的学习兴趣,使学生愉快地学习。另外,课堂教学结构的优化,还要与学生的发展潜力相一致,任何一种高于或低于学生发展潜力的"超高压力"或"过低标准"都无助于学生的学习,都不利于学生的发展。

第三,课堂教学结构的优化要构建有效的课堂教学实施步骤。在新课程教学中,有效课堂教学实施步骤要围绕学生的主动学习而展开,首先要在创设问题情境的前提下呈现教学问题,然后师生共同进入多元对话系统,在教师的不断激发、适时指导和正确评价中,使预设问题和在新的情景下生成的问题不断得到解决,从而把课堂教学一步步推向高潮。因此,符合新课程理念的最优化的课堂教学结构应包括的步骤是:创设情境、呈现问题、对话交流、情景激发、科学指导、准确评价、拓展提升。在新课程课堂教学中,这些实施步骤并不是完全独立的,而是相互作用、彼此包含、相互融合的。教师在课堂教学中,不能将这些步骤模式化,而要根据教学实际,积极实践,大胆创新,创造出符合自己教学风格的基本阶段和创新步骤,做到步步有创意,课课有创新。

第二讲　保持先进的教学思想　坚持寓教于思

小学教师应保持先进的教学思想,从而指导教学实践,使课堂教学顺利进行,以取得良好的教学效果。

第一节　孔子教学思想对当代教师的影响

在孔子的教育实践中,教学经验和教学思想都异常丰富。这些丰富的教学思想对我们今天教师的教学活动仍具有重要的指导意义。

一、启发教学思想

学生的学习过程是一个积极主动的过程,学生积极性的调动是教学过程顺利完成的关键。目前世界各国都在大力提倡启发式教学,并使之成为一种日趋完善的理论。这一理论的奠基人当之无愧应该是孔子。

孔子已经认识到学生积极性的重要地位,他第一次精辟地论述了启发式原则:"不愤不启,不悱不发,举一隅不以三隅反,亦不复也。"当学生进入积极思维状态时教师才适时地诱导、引发,帮助学生打开知识的大门,端正思维的方向,达到举一隅以三隅反的目的。

能否调动学生的积极性,是教学成败的关键。启发式教学的核心就是要最大限度地激发学生的积极性和创造性。那么怎样才能做到这一点呢? 孔子曰:"可与言而不与之言,失人。不可与言而与之言;失言。知者不失人,亦不失言。""言未及之而言,谓之躁;言及之而不言,谓之隐;未见颜色而言,谓之瞽。"一个好的教师要能准确把握学生是否进入积极的思维状态,如果学生还处于告知一而不能推知其余三的状态,就不要勉强地将结果不厌其烦地一一告知,否则会养成学生的依赖性;当学生已处于告知一而能推知其余三的状态,教师就应该适时诱导,引发学生向更高的思维层次推进。

现在有为数不少的教师,一方面教师的架子比较大,另一方面又对学生的实际情况知之甚少。教学过程中不注意研究学生已有的知识结构和心理状态,对新知识缺乏分解、深化能力,往往只顾自己讲完,学生能不能接受则顾及不到,本质上仍然是以灌输为主的注入式教学。另一种极端是教师过高估计学生的能力,受美国发现式教学的影响,把启发式教学变成了自学式,浪费了学生的时间和精力,同样不能收到良好的教学效果。

我们学习借鉴孔子启发诱导教学原则的核心和实质,就是要处理好发挥教师主导作用与调动学生积极性之间的矛盾,以多方面引导、诱发学生学习的积极性,使他们处于好学、乐学的思想境界,这样,既能使学生主动地获得更多的知识和技能,又能促进思维能力的发展。

二、"有教无类"的思想

孔子的施教观是"有教无类"。"有教无类"的本义就是在教育对象上,不分族类、大小、贤愚、贵贱、亲疏,都可以入学享受同等教育机会。孔子的"有教无类"思想包含着师德要求,现在仍有极强的借鉴作用。作为教育工作者,人类灵魂工程师,肩负着为祖国培养合格建设者和接班人的历史重任,就应该具有博大的胸怀、良好的职业道德、端正的教育思想和态度,一视同仁对待每一位受教育者。

三、"因材施教"的思想

孔子是"因材施教"原则的最早提倡者与躬行者。因材施教是指教师应该针对不同的教育对象而采用不同的教育方法。他认为学生存在智力差异,孔子说:"生而知之者,上也;学而知之者,次也;困而学之者,又其次也;困而不学,民斯为下矣。"他认为学生性格方面存在差异,把人性格分为三类:"狂者""中行""狷者"。他还认为学生还在能力、特长、态度、志向等方面存在差异。孔子的因材施教是在具体教育过程中各因其材而措施不同。他针对学生询问的同一问题,能根据不同对象的智能和性格特点,有的放矢地作出方向一致但有所侧重的回答。孔子因材施教的思想,不仅对我国古代教育的发展产生了深远的影响,而且对今天教师教学具有十分重要的启示意义。

(一)真正做到"因材施教"

1. 教师要全面了解学生

实施因材施教的教学方法的关键就在于此。教师应该对学生的原有认知水平、学习动机、学习目标、学习风格、学习态度以及性格特征、兴趣、爱好、身体、家庭背景等方面的特点,都要充分了解。在教学过程中,教师还要注意观察分析学生的学习动态、学习效果、心理变化特征等。准确地掌握学生各自的特点,以便从实际出发,有针对性地教学,使教学与学生的实际情况和个性特点相符,只有真正全面地了解了学生,才能真正做到因材施教。

2. 集体教学与个别化教学并重

教学中既要把主要精力放在面向全班集体教学上,又要善于兼顾个别学生,正确对待学生的个别差异采取不同的具体措施,使每个学生都得到相应的发展。在进行集体教学的时候要考虑学生每个人的实际情况,配合实行个别化教学,两者均不可忽视。

3. 提高自身素质

努力提高自身素质,特别要重视教材的处理,知识的讲授,教法的运用,语言的艺术,板书的设计,活动的调节,信息的交流等能力的培养。教师应针对学生的个性特点,提出不同的要求,分别设计不同个性特点学生成才的最优方案。同时教师在教学中,对学生要具备耐心与责任心,对那些成绩优异或具有特殊才能的学生也要一分为二,为充分发展他们的才能应提出更高的要求。而后进学生,要给予热情关怀和照顾,深入研究他们的心理活动特点,从实际出发,制定一套适合他们特殊情况的措施,应该善于引导学生进行有效学习。

4.因材施教与教学大纲、教学目标相结合

九年义务教育要求教学必须面向全体学生,使绝大多数学生经过努力都能达到共同的基本要求。这里"共同的基本要求"是指国家统一规定的教育目的,教学计划。这是使教学达到国家所规定的基本要求的重要保证。教师要教育和要求学生正确处理学习各门功课与发展个人兴趣、爱好、特长的关系,使他们努力学好国家为中小学开设的各门基础课。在这个前提下,根据个别差异进行重点指导,使学生充分发展个人的潜在能力和特长。

(二)教师因材施教的作用

1.因材施教有助于实现个别化教学

法国教育家卢梭指出,"每一个人的心灵有它自己的形式,必须按它的形式去指定他;必须通过它这种形式而不能通过其他的形式去教育,才能使你对他花费的苦心取得成效。"

学生个别差异是客观存在的,影响个别差异的因素又相当复杂。一个学生可能在某些方面表现出长处,而在另一些方面有短处。或善于观察,或长于记忆,或擅长思维。从思维类型上讲,也有长于形象思维和善于逻辑推理之分。教师根据学生的不同特点,对学生表现出的差异特点进行全面而具体地分析,以发展的眼光区别对待,不能揠苗助长,应该因材施教,实施个别化教学。

2.因材施教可以激发学生的学习热情,调动学生的主动性

因材施教是学生身心发展规律在教学中的应用,一定年龄阶段的学生,他们的心理特点和智力水平既有一定的普遍性,又有一定的特殊性,

教师观察和了解学生的各项基本情况后实施教学,针对不同的学生,采取不同的方法,更加人性化。学生不会因为不适应老师的教学方法而不能取得好的学习效果甚至是产生厌学。因材施教的教学方法使得学生找到了学习的乐趣,减少了压力,激发了学习热情,并且调动他们的学习主动性,他们积极探索知识的奥秘,努力在知识的海洋中开辟一片属于自己的乐土。

3.因材施教可以促进专业人才的培养

学海无涯,这些知识是个人花一辈子时间也学不完的,因此必须适应个别需要以及个人特点,作最有利最有效的学习,而且社会发展的趋势也是越来越需要高科技专业人才,因材施教顺应了时代进步的要求和个性发展的需要,把学生培养成为对某一方面精而深的而不是对所有方面广而浅的人才。

4.因材施教可以促进个性教育,发展学生个性

因材施教一改以往一锅端的大众化教育模式,考虑了学生自身的要求,对其进行个性教育,冲破了旧世俗观念,把学生培养的各具特色,促进自我实现。比如说,以前学生语文考试的作文,基本上都像是一个模子刻出来的八股文,偶尔有个别学生写出个性的看似不合时宜的文章,虽然文笔流畅,用词优美,但仍是被老师扣上了走题的帽子。

【案例分析】

郑哲,男,五年级学生,叛逆心强,学习成绩较差,时常有不完成作业情况。某日下午放学,由于作业未完成被留在教室补作业,随着时间一分一分过去,同时被留的几位同学都相继合格离开学校,教室里只剩下少数几个仍在补昨天的任务,此时已是下午5点,坐在墙角的他终于开始不耐烦了,他开始躁动地四处张望,似乎在寻找着什么机会,"老师我要去一下厕所""去吧"。可十几分钟过去了,仍不见他回到教室,厕所里也空无一人,他究竟去哪了呢?后被证实他已经秘密将书包转移出教室,

溜之大吉了,可今天的家庭作业都统统落在教室里,毋庸置疑,明天他的作业又不会完成了。

案例分析:

从上述案例介绍可以看出,这位同学有严重的厌学心理,并且无视教师的规定,试图逃避责任,寻求轻松懒散的生活。针对郑哲的行为特点,老师可采取如下方法:

1.作为老师,不能讨厌、歧视这类学生,要多关心,多理解,使其感到温暖而有触动,有悔意,为教育引导打下基础。

2.孩子不良行为形成的重要原因之一在于其家庭的影响,教师可以同其父母进行一次诚恳的谈心。通过谈话使他们明白,孩子的成长需要良好的家庭教育。要求他的父母多抽一些时间来关心他的学习和生活,并注意自己的言行。当孩子有错时,应耐心开导,而不应用打骂的教育方式。

3.利用集体的力量影响他,使其养成良好的学习习惯。努力发掘和培养他的长处,帮助其改掉不良习惯,一有进步就表扬,使他对自己有自信心,他的学习态度和成绩就会有明显的进步。

案例反思:

因材施教是对每一位教师的基本要求,要真正做到因材施教则需要教师真正走进学生的生活,认真去了解他们所处的环境和内心世界,帮助他们分析自己的现状,找到问题的原因,树立积极的人生态度和合理的奋斗目标,使学生健康成长。

第二节 叶圣陶与陶行知教学思想
对当代教师的影响

叶圣陶与陶行知是我国现代伟大的人民教育家。他们的教学思想对我们今天的教育教学改革有着非常重要的指导意义和参考价值。

一、叶圣陶教学思想中"爱的教育"

爱是一种情感力量,热爱学生是培养学生的重要条件。教育不能没有爱,没有爱就没有教育,因此,叶圣陶一直强调教育的感染性,一生主张"爱的教育",并强调教师之爱对于学生的重要性。在教学中,叶老强调教师要用爱心教育学生,要切实关注学生的学习过程以及情感、态度、能力等方面的发展,真正唤起人性的真、善、美,用爱心激发学生的学习动机,唤起学生的求知欲望,让他们兴趣盎然地参与学习,并经过自己的思维活动和动手操作获得知识。

在对学生的管理中,教师要公平、公正地善待每一个学生,从不偏私。这就需要教师要有崇高而无私的爱心及海洋般宽广的胸怀,能容纳和理解学生所有的错误,从不挫伤学生的自尊心、自信心。对待学生的错误,从不体罚,而是让学生做件好事来改正错误。在充满爱的教育中,真正体现出教师在学生心目中伟大的地位。这种爱的教育给予学生的是莫大的信任,会让学生充分体验到"管理者"的成功的喜悦和满足感。叶圣陶曾说:"匡互生把学生的过失看作他自己的过失,每逢跟犯过错的学生谈话,他往往是先滴下眼泪来。学生受到感动,往往相对出声而哭。"春风化雨细无声,叶圣陶一生所遵循和推崇的始终是近于"爱的教育",即所谓的感情教育。在这种爱的教育环境里,学生怎能不受到感动,不受到爱的熏陶呢?

二、叶圣陶教学思想中的"平等学生观"

在教学中,教师要以现代学生观为基础,建立良好的师生关系,才能全面推进教育工作。在这方面,叶圣陶有其精辟的阐述,他主张平等地对待学生。他说:"无论聪明的,愚蠢的,干净的,肮脏的,我都要称他们为'小朋友'。'小朋友'的成长和进步是我的欢快;小朋友的羸弱和拙钝是我的忧虑。有了欢快,我将永远保持它,有了忧虑,我将设法消除它。

我要做学生的朋友,我要学生做我的朋友。"对每个学生都抱尊重、爱护和信任的态度。叶圣陶的学生观同那种只对少数"尖子"感兴趣,只对少数学生负责的观念是根本对立的,这就形成了他的平等学生观的思想。

(一)师生是互为朋友的关系。叶圣陶主张师生互为朋友,他认为"教师和学生是朋友,在经验和知识上,彼此虽有深浅广狭的差别,在精神上都是亲密体贴的朋友。当休闲的时候也要与他们接触,称心而谈,绝无衿饰,像会见一位知心的老朋友一个样。"从他踏上讲台的第一天起,他就亲近、爱护学生。他说:"决不将投到学校里来的儿童认作讨厌的小家伙,惹得人心烦的小魔王,我都要称他们为'小朋友'。那不是假意殷勤,仅仅浮在嘴唇边,油腔滑调地喊一声;而是出于衷诚,真心认他们作朋友,真心愿意作他们的朋友的亲切表示。"叶圣陶对于学生的爱,是何等的真挚与深沉!这充分体现了师生在精神上、人格上是平等的。

(二)爱护学生与尊重、信任学生的关系。爱护学生与尊重、信任学生是统一的。尊重学生,就是对学生的一种善意的肯定态度,就是尊重学生的人格,保护学生的自尊心。叶圣陶强调,使学生怕的教师绝不是好教师,教师应该尊重学生的自尊心,这就必须禁绝对学生的任何形式的侮辱、讽刺和惩罚。叶圣陶告诫说:"小朋友顽皮的时候,或者做功课显得愚笨的时候,我决不举起手来,在他们的身体上打一下。"因为"这一下不只打了他的身体,同时打了他的自尊心;身体上的痛或红肿,固然不久就会消失,而自尊心所受的损伤,却永远也不会磨灭的"。教育必须以信任为基础,对学生来说,信任是一种特殊形式的教育,学生可以从教师的信任与期待中体验到人的尊严,从而激励自己,不断进取,积极向上;教师赢得学生的信任,学生以你为友,以你为师,听你指导,受你帮助。所以相信学生,开诚相与,不同学生闹对立,是准备认真当教师的最起码的条件。因此,叶圣陶要求教师在教学中要严格按规律办事,不马虎,不敷衍,不搞"信任主义"。要对学生的健康成长负责,对学生的全面发展负责,这是热爱学生的根本落脚点。

三、创造教育思想

(一)解放儿童的创造力,培养发挥儿童的创造精神。陶行知认为,"儿童是有创造力的,这是千千万万祖先,至少经过五十万年与环境适应斗争所获得而传下来之才能之精华"。只有承认儿童创造力,才能谈得解放儿童的创造力。所以,教育者要启发培养儿童的创造力,首先真诚地与孩子生活在一起,了解儿童,发现儿童的创造力,进一步把儿童的创造力解放出来,他提倡的"教学做合一"实际上就是理论联系实际。他提出要编出引导人去做,引导人去想,引导人产生新的价值的,有助于培养创造性的新的教科书来。教学中,育才学校贯彻理论与实践结合和学以致用的原则,注重培养学生独立思考和解决问题的能力,启发引导,因材施教。

(二)善于组织集体生活,培养创造能力。陶行知认为培养、创造有创造力的学生集体,既有"自动的能力"、又有"自觉的纪律"来影响和引导全体学生,它能够以集体的努力共同探讨追求真理,以集体的力量培养有创造能力的学生。这种注重集体学习对学生发展的影响的教育观念中已含有了许多诸如主体性教学、合作学习等现代教育的理念,具有相当的科学性和预见性。

(三)培养学生的自动力,注重学生对科学文化知识的探求。尽管陶行知十分强调集体创造,但他更清楚的是,进入创造过程后,创造是学生个体或团体本身的自动。他动、他助和他导,都是服从自动的,是处于次要地位的。陶行知之所以注重自动的创造教育方法是因为创造必须建立在一定的知识经验基础之上,凡不是自己经验里发出来的知识,都不是创造。所以,他强调学生是创造的主体,创造教育的方法,必须使这个主体自动,身体力行,躬亲实践。

(四)培养学生善于发现问题并设疑辨难的能力。设疑辨难是通向创造的第一步阶梯,是创造教育的重要方法。陶行知指出:"学贵知疑,大疑则大进,小疑则小进,不疑则不进",并明确地说,"这个疑字我当重用它"。他要求教师在教学过程中注重学生的疑难,并严格遵循如下几个步骤:(1)要使学生对于一个问题处在疑难的地位;(2)要使他审查所遇见的究竟是什么疑难;(3)要使他想办法去解决,使他想出种种可以解决这疑难的方法;(4)要使他推测各种解决方法的效果;(5)要使他将那最有成效的方法试用出去;(6)要使他审查试用的效果,究竟能否解决这个疑难;(7)要使他印证,使他看这试用的法子,是否屡试屡验。陶行知认为,有了疑难,就是成功的一半,疑难是创造之师,是学生追求真理、创造的内驱力,有了它,教师毋需频挥教鞭,学生仍自进不息。如果儿童自学或听讲产生不了疑难,不仅表明儿童消极被动,学而无益,不能创造,而且也说明教师治教无方,不能引导创造。

【案例】

陶行知修表

有一天,一位朋友的夫人来看陶行知先生。陶先生热情地让她坐下,又倒了一杯茶给她,问道:"怎么不带儿子一起来玩?"

这位夫人有点气呼呼地说:"别提了,一提就叫我生气。今天我把他结结实实打了一顿。"

陶先生惊异地问:"这是为什么?你儿子很聪明,蛮可爱的哩!"

朋友的夫人取出一个纸包,里面是被拆得乱七八糟的一块手表。这表成色还很新,镀金的表壳打开了,玻璃破碎,连秒针也掉了下来。她生气地说:"陶先生,这表是才买的,竟被我儿子拆成这样,您说可气不可气!他才七八岁,就敢拆表,将来大了恐怕连房子都敢拆呢!所以我打了他一顿。"

陶先生听了笑笑说:"坏了,恐怕中国的爱迪生被你枪毙了!"

夫人有点愕然:"为什么呢?难道我这样做不对吗?"

陶先生摇摇头。

夫人又接着问："陶先生，您是大教育家，您说对这样的孩子该怎么办呢？"

陶先生把拆坏的表拿过来，对夫人说："走，我们上你家去，见见这个小'爱迪生'。"

到了朋友家里，陶先生见到那个孩子正蹲在院子的大树下，聚精会神地看蚂蚁搬家。夫人一见又来了气，正要骂他，陶先生立即劝住了。

陶先生把孩子搀起来，搂在怀里，笑嘻嘻地问："你为什么要把妈妈的新表拆开来呢？能告诉我吗？"

孩子怯生生地望了妈妈一眼，低声说："我听见表里嘀嗒嘀嗒的声音，想拆开看看是什么东西在响。我错了，不该把手表拆坏，惹妈妈生气。"

陶先生说："想拆开看看是什么东西在响，这没有错。但你要跟大人说一声，不能自作主张。来，你跟我一起到钟表店去好吗？"

孩子又望望妈妈，说："去店里干什么？"

陶先生说："去看师傅修表啊，看他怎么拆，又怎么修，怎么装配，你不喜欢吗？"

孩子高兴得跳起来："我去！我去！"

陶先生拿着那只坏表，带着孩子一起到了一家钟表店。修表师傅看了看坏表，说要一元六角修理费。

陶先生说："价钱依你，但我带着孩子看你修，让他长长知识。"师傅同意了。

陶行知和孩子站在旁边，满怀兴趣地看师傅修表。看他怎样拆开，把零件一个个浸在药水里；又看他加油后，把一个个零件装配起来。从头到尾，整整看了一个多小时。全部装好后，师傅上了发条，表重新发出清晰的嘀嗒声。孩子高兴地欢叫起来："响了，响了，表修好了！"

陶先生临走又花一元钱买了一只旧钟,送给孩子带回去拆装。孩子连声说:"谢谢伯伯! 谢谢伯伯! 伯伯真好!"

陶先生把孩子送到家后,孩子立即跳呀蹦的跟妈妈说:"妈妈,伯伯买了一只钟,让我学习拆装呢!"

那位朋友的夫人不解地问:"还让他拆啊?"

陶行知笑笑说:"你不是问我对这样的孩子该怎么办吗? 我的办法是,把孩子和表一起送到钟表铺,请钟表师傅修理。这样修表铺成了课堂,修表匠成了先生,令郎成了速成学生,修理费成了学费,你的孩子好奇心就可得到满足,或者他还可以学会修理咧。"

陶先生停顿了一下,接着说:"孩子拆表是因为好奇心,孩子的好奇心其实就是一种求知欲,原是有出息的表现。你打了他,不是把他的求知欲打掉了吗? 与其不分青红皂白地打一顿,不如引导他去把事情做好,培养他的兴趣。中国对于小孩子一直是不许动手,动手就要打手心,往往因此摧残了儿童的创造力。我们应该学习爱迪生的母亲,那么理解、宽容孩子,那么善于鼓励孩子去动手动脑,这样,更多的'爱迪生'们就不会被打跑、赶走了。"

夫人听了恍然大悟,她不好意思地笑了一下,诚恳地说:"陶先生,您说得对,太谢谢您了,我今后一定照您的办法去做。"

四、生活教育思想

(一)生活即教育

"生活即教育"是陶行知生活教育理论的核心。陶行知认为,真正的生活教育是"以生活为中心的教育",是"供给人生需要的教育",是生活所原有的,生活所必需的教育。教育与生活是同一过程,教育含于生活之中,教育必须和生活结合才能发生作用。教育以生活为前提,不与实际生活相结合的教育不是真正的教育。陶行知坚决反对没有"生活做中心"的死教育、死学校、死书本。

需要注意的是,陶行知所说的"教育"不是以学校为整体的狭义教育,而是包括学校教育在内的整个社会生活的广义教育。陶行知所说的"生活"是整个自然界和人类社会生活的总体,是人类一切实践活动的总称。"生活即教育"不是说生活等同于教育,而是说教育与生活经历同一个过程,教育离不开生活,生活离不开教育。

(二)社会即学校

陶行知说:"学校即社会,就好像把一只活泼的小鸟从天空里捉来关在笼子里一样。它从一个小的学校去把社会所有的一切都吸收进来,所以容易弄假。社会即学校则不然,它是要把笼中的小鸟放到天空中,使它任意翱翔,是要把学校的一切伸展到大自然里去。"他还说:"到处是生活,即到处是教育;整个的社会是生活的场所,亦即教育之场所。因此,我们又可以说:'社会即学校'。"陶行知主张学校教育的范围不在书本,而应扩大到大自然、大社会和群众生活中去,向大自然、大社会和群众学习,使学校教育和改造自然、改造社会紧密相连,形成真正的教育。

(三)教学做合一

"教学做合一"是陶行知生活教育理论的教学方法论,是为批判传统单一的教授法,反对教师"教死书、死教书、教书死"和学生"读死书、死读书、读书死"的传统教学模式而提出的教学方法论。陶行知说"教学做合一""是生活现象之说明,即教育现象之说明。在生活里,对事说是做,对己之长进说是学,对人之影响说是教。教学做只是一种生活之三个方面,而不是三个各不相谋的过程。""教的方法根据学的方法,学的方法根据做的方法。事情怎样做便怎样学、怎样学便怎样教。教而不做,不能算是教;学而不做,不能算是学。教与学都以做为中心,在做上教的是先生,在做上学的是学生。"陶行知提出的"教学做合一"是非常具有针对性的。他曾对当时中国教师的教学方法作过调查研究,认为有相当多的教师"只会教授,只会拿一本书要儿童来读他,记他,把那活泼的小孩子做个书架子,字纸篓"。也就是说,教育界普遍存在着以教师为中心,以教为中心的现象。陶行知反对以"教"为中心,主张"教学做合一",这就从教学方法上改变了教、学、做的分离状态,克服了书本知识与生活实践脱节、理论与实际分离的弊端,是教学法上的一大改革。

【附录1】

陶行知喂鸡

有一次,陶行知在武汉大学演讲。他走向讲台,不慌不忙地从箱子里拿出一只大公鸡。台下的听众全愣住了,不知陶先生要干什么。陶先生从容地又掏出一把米放在桌子上,然后按住公鸡的头,强迫它吃米。可是大公鸡只叫不吃。怎么才能让公鸡吃米呢? 他掰开公鸡的嘴,把米硬往鸡的嘴里塞。大公鸡拼命挣扎,还是不肯吃。陶先生轻轻地松开手,把鸡放在桌子上,自己后退了几步,大公鸡自己就开始吃起米来。这时,陶先生开始演讲:"我认为,教育就像喂鸡一样。老师强迫学生去学习,把知识硬灌给他们,他们是不情愿的。即使学,也是食而不化,过不了多久,他们还是会把知识还给老师的。但是,如果让学生自由地学习,充分发挥他们的主观能动性,那效果一定好得多!"台下一时间掌声雷动。

【附录2】

陶行知的"六大解放"

1. 解放儿童的头脑。把儿童的头脑从迷信、成见、曲解中解放出来。

2. 解放儿童的双手。因为人类的活动靠双手进行,不许儿童动手会摧残创造力。

3. 解放儿童的眼睛。不要戴上有色眼镜,要使眼睛能看到事实。

4. 解放儿童的嘴巴。使儿童获得言论的自由,发问的自由。

5. 解放儿童的空间。让孩子去接触大自然、大社会、扩大眼界,以发挥其内在的创造力。

6. 解放儿童的时间。给儿童个体学习、活动的自由时间。

陶行知名言警句

1.教育是立国之本。

2.教育就是生活改造。我一提及教育便含了改造的含义。教育好比是火,火到的地方,必使这地方感受他的热,热到极点,便要起火。"星星之火,可以燎原",教育有这样的力量。

3.教育是什么?教人变!教人变好的是好教育。教人变坏的是坏教育。活教育教人变活。死教育教人变死。不教人变、教人不变的不是教育。

4.教育必须是战斗的。教育不是玩具,不是装饰品,不是升官发财的媒介。教育是一种武器,是民族、人类解放的武器。

5.爱满天下。

6.捧着一颗心来,不带半根草去。你们抱着这种精神去教导小朋友,总是不会错的。

7.教师的职务是"千教万教,教人求真"。学生的职务是"千学万学,学做真人"。

8.人生办一件大事来,做一件大事去。

9.为了苦孩,甘为骆驼。于人有益,牛马也做。

10.在劳力上劳心,是一切发明之母。

11.行动是老子,知识是儿子,创造是孙子。

12.我们的理论应该是这样:行是知之始,知是行之成。

13.教育必须是科学的。这种教育是没有地方能抄袭得来的。

14.逃避现实的教育不是真教育。

15.新教育和老教育不同之点,是老教育坐而听,不能起而行,新教育却是有行动的。

16.我的主张是:有书读的要做事,有事做的要读书。先生不应该专教书,他的责任是教人做人。学生不应当专读书,他的责任是学习人生之道。

17. 你若把你的生命放在学生的生命里,把你和你的学生的生命放在大众的生命里,这才算是尽了教师的天职。

18. 发明千千万,起点是一问。禽兽不如人,过在不会问。智者问得巧,愚者问得笨。人力胜天工,只在每事问。

第三节　布鲁纳教学思想对当代教师的影响

1. 论认知发展

布鲁纳十分重视认知发展的研究。他强调说:"一个教学理论实际上就是关于怎样利用各种手段帮助人成长和发展的理论。"在他看来,认知发展是讨论教学问题的基础。在教学时,如果忽视认知发展以及它的各种制约因素和可能利用的机会,那确实是会出馊主意的。

在认知发展上,布鲁纳认为,儿童的认知发展可以分为两个时期。

一是表演式再现表象期。在这一时期,儿童主要是借助于动作去学习。它是以学会作出某种反应和形成习惯的动作为基础的。布鲁纳强调说:"对于年龄最小的儿童来说,各种主要的事情或客观事实的定义是按照他的面前展现的动作来解决的。……一个客观事物就是人对之有所动作的东西。"

二是映像式再现表象期。在这一时期,儿童开始具有一种表象系统。它依靠视觉或其他感觉组织和各种概括化映像的作用。布鲁纳强调说:"映像发展成了一种有独立状态的东西,它们成了动作的高度概括者。"在他看来,这一时期儿童最为突出的特点是无力透过事物表面变化来认识教育守恒现象。

三是象征式再现表象期。在这一时期,儿童的认知带有符号的性质,即具有符号系统的一些特征。布鲁纳强调说:"一种语言或任何符号系统都有形成的变换方式的各种规则,它们能超越动作或映像所可达到的范围而在最大程度上反映出现实的东西。"在他看来,语言或符号为儿童提供了一种可以不用形象作为唯一判断根据的手段。

布鲁纳强调指出,以上三种再现表象期是相互联系的。人的智力发展始终会沿着这三种表象系统的顺序前进。但是,儿童的认知发展并不是受年龄的绝对限制,在很大程度上,教育条件会影响儿童的认知发展。教育过程的核心在于创造条件和提供帮助,使儿童的认知发展从表演式再现表象到映像式再现表象,到象征式再现表象。当然,布鲁纳也指出,这三个再现表象期之间是怎样过渡的,"这仍是一个有争议的尚难解答的问题"。在他看来,没有教学理论的认知心理学是无的放矢,忽视儿童认识发展的教学理论也将是一无所得。

2. 论知识结构

布鲁纳提出了"学科基本结构"的思想。每门学科都存在一系列的基本结构。所谓的"学科基本结构",就是指某门学科的基本概念和基本原则。例如,数学中的交换律、分配律和结合律等。在他看来,学生掌握"学科基本结构"应该是学习知识方面的最低要求。学生如果掌握了"学科基本结构",就能更好地掌握整个学科。

为了组织最佳的知识结构,布鲁纳提出了三条组织原则。一是表现方式的适应性原则。这里指学科知识结构的呈现方式必须与不同年龄学生的认知学习模式相适应。二是表现方式的经济性原则。这是指任何学科内容都应该按最经济的原则进行排列,在有利于学生的认知学习的前提下合理地简约。三是表现方式有效性原则。这是指经过简约的学科知识结构应该有利于学生的学习迁移。

布鲁纳认为,按照反映知识领域基础结构的方式来设计课程,需要对那个领域有极其根本的理解。他强调说："一门学科的课程应该决定于对能达到的、给那门学科以结构的根本原理的最基本的理解。"

按照布鲁纳的设想，一门学科不仅教专门的课题或技能，而且应该使学生弄清楚学科知识组成的基本结构。他指出："不论我们选教什么学科，务必使学生理解该学科的基本结构。这是在运用知识方面的最低要求，这样才有助于学生解决在课堂外所遇到的问题和事件，或者日后课堂训练中所遇到的问题。"在布鲁纳看来，学习结构就是学习事物是怎样相互关联的。任何学科的基本原理都可以用某种形式教给任何年龄的任何人。

3. 论教学原则

布鲁纳十分重视教学原则对学生最有效地获得知识与技能的作用，并认为它也为评价任何一种教学方法与学习方法提供了一个标准。

一是动机原则。布鲁纳强调，在认知学习过程中要注意儿童学习的心理倾向和动机。这是教学活动成败的异常重要因素。他认为动机分内在动机和外在动机。"好奇心""胜任力""互惠性"都促使儿童学习的时间会更长、效果会更好。因此，教师要充分注意促进儿童学习的内在动机，它们比"奖赏""竞争"等外在动机更重要。因为内在动机是促使儿童学习的内在动机。具体来说，需要注意三个方面：第一，教师在教学中要激发儿童学习探索活动的最大热情；第二，教师在教学中要帮助儿童维持学习探索活动的热情；第三，教师在教学中要使儿童对活动的具体目标有明确的认识并提供有关的知识，使学习探索活动有正确的方向。布鲁纳说："如果教学富有成效的话，那么在教学人员帮助下的学习一定比个人独自进行学习所遇到的危险、风险或苦恼来得少。"

二是结构原则。布鲁纳认为，任何学科知识都是具有结构的，反映了事物之间的联系或规律性。教师在教学过程中应该注意使儿童掌握学科知识的结构。因为"任何概念或问题或知识，都可以用一种极其简单的形式来表示，以便使任何一个学习者都可以用某种可认识的形式来理解"。而且,表示学科知识结构特点的三种方式(即再现形式、经济原则、有效力量)随着儿童的不同年龄、不同"作风"和与学科知识间的差异的适合程度而有不同的变化。

三是程序原则。布鲁纳认为,教学活动的程序会影响儿童获得知识和发展能力。因此,教师在教学过程中应该注意设计和选择最佳教学程序,这种程序要考虑儿童认识的发展,通过一系列步骤有条不紊地陈述一个问题或大量知识,以提高他们对所学事物的掌握、变换和迁移的能力。布鲁纳强调说:"在任何特定的条件下,最理想的序列则随着各种因素而定,这些因素包括过去的学习、发展的阶段、材料的性质的个别差异等。"具体来说,应该考虑到学习的速度、抵制遗忘的作用、已习得的知识迁移到新情境的可能性、按已习得的知识所显示出来的再现表象的形式、可得的知识是经济的和具有有效的力量等。

四是强化原则。布鲁纳认为,教师在教学过程中应该注意通过反馈使儿童知道自己的学习结果,并使他们逐步具有自我矫正、检查和强化的能力,从而强化有效的学习。他强调说:"学习的效率也随着有关结果的知识在某一时刻和某一场合可供矫正之用而定。教学则应有助于给矫正知识规定更适当的时间和步调。"在布鲁纳看来,教师提供的反馈信息是否有用,取决于在什么时间和什么场合儿童能使反馈的信息起作用,在什么条件下儿童可以利用反馈的信息以及用什么方式可以使儿童接受反馈的信息。但是,在贯彻强化原则时,必须防止使儿童永远依赖教师的指正,避免造成儿童跟着教师转的掌握的方式。

4.论发现学习

在教学方法上,布鲁纳提倡"发现学习"。他认为,儿童应该在教师的启发引导下按自己观察事物的特殊方式去表现学科知识的结构,借助于教师或教师提供的其他材料去发现事物。布鲁纳强调说,发现是教育儿童的主要手段。"人类学习中似乎有个必不可少的成分,它像发现一样,是尽力探索情境的机会。"他还强调说:"如果我们要展望对学校来说什么是特别重要的问题,我们就得问怎样训练几代儿童去发现问题,去寻找问题。"

第四节 苏霍姆林斯基
教学思想对当代教师的影响

苏霍姆林斯基是前苏联著名教育理论家和教育实践家。他从 17 岁就参加教育工作,直至逝世,在长达 35 年的教育生涯中,他始终坚持执教一门课,始终坚持深入课堂听课,始终坚持教育理论的学习与钻研,始终坚持密切联系学校教育教学的具体实际开展教育研究和教育创新,提出了全面和谐发展的教育理论,形成了自己的教育思想,在国内外享有盛誉,影响极大。

一、苏霍姆林斯基的学生观

(一)没有也不可能有抽象的学生

苏霍姆林斯基认为,人的天赋、可能性、能力和爱好确实是无可限量的,而每一个人在这些方面的表现又都是独一无二的。自然界里没有一个这样的人,我们有权利说他是"无论干什么都不行"的人。真正的人道精神就在于:要在每一个人的身上发现他那独一无二的创造性劳动的源泉,帮助每一个人打开眼界看到自己,使他看见、理解和感觉到自己身上的人类自豪感的火花,从而成为一个精神上坚强的人,成为维护自己尊严不可战胜的战士。

"学习上的成就这个概念本身就是一种相对的东西:对一个学生来说,'五分'是成就的标志,对另一个学生来说,'三分'就是了不起的成就。"学科的教学大纲对一个学生来说已是最高限度,而对另一个学生来说却是起码的最低限度要求。教师要善于确定:每一个学生此刻能达到什么程度,如何使他的智力才能得到进一步的发展。

(二)人要有多种表现的领域

不要让上课、评分成为人的精神生活的唯一的、吞没一切的活动领域。如果一个人只是在分数上表现自己,那么就可以毫不夸张地说,他等于根本没有表现自己,而我们教育者,在人的这种片面性表现的情况下,就根本算不上是教育者——我们只看到一片花瓣,而没有看到整个花朵。

(三)让学生达到他力所能及的程度

苏霍姆林斯基认为,"每一个学生在学习中都应当达到他力所能及的成就。"我们不允许那些天赋高、有才能的学生在低于他们的能力的水准下进行学习。如果我们让一个本来应当成为大自然的研究者、少年自然科学家、未来的学者的学生降低到一个平庸的书呆子的水准,那么,那些还没有明显地表现出其天赋和才能的苗头的学生就更加不可能充分发挥他们的能力了。

培养全面发展的个性的技巧就在于:教师确实善于在每一个学生面前,甚至是最平庸的、在智力发展上最有困难的学生面前,为他打开精神发展的领域,使他能在这个领域里达到顶点,显示自己,宣告大写的"我"的存在,从人的自尊感泉源中吸取力量,感到自己并不低人一等,而是一个精神丰富的人。

(四)让所有的儿童都成为幸福的人

苏霍姆林斯基的教育理想是:让孩子们去观察、思考和推论,体验劳动的欢乐和为自己创造的东西而感到自豪,为别人创造美和欢乐并在此中找到自己的幸福,欣赏自然界、音乐和艺术的美,以这种美来丰富自己的精神世界,关心别人的痛苦和欢乐,像关心自己的事情一样关心别人的命运。

二、苏霍姆林斯基关于提高教学质量的措施

(一)提高教师素养

1.苏霍姆林斯基认为,"读书,读书,再读书——教师的教育素养的这个方面正是取决于此。要把读书当作第一精神需要,当作饥饿者的食物,需有读书的兴趣,要喜欢博览群书,要能在书本面前坐下来,深入地思考。"

2.要有扎实的心理学基础。没有扎实的心理学基础,就谈不上教育素养。积极的脑力劳动是怎样影响旧教材在记忆中的保持的;在决定课堂上脑力劳动的方式时怎样考虑到学生的神经系统类型;采用哪些特殊的手段来激发学生对所学学科和具体教材的兴趣;学生的哪些行为可以交给班集体讨论,而他的行为的哪些方面则不宜于在集体中讨论;在评定知识的过程中要有怎样的教育机制,等等,如果缺乏心理学知识,简直无法解决这些问题。

3.教师的语言修养也是教师素养的一个很重要的方面。教师的语言修养在极大的程度上决定着学生在课堂上脑力劳动的效率。

(二)激起学生学习的兴趣

"知之者不如好知者,好知者不如乐知者",兴趣是最好的老师。当激起学生的学习兴趣时,他便会出现"情绪高涨、智力振奋的状态",在学习中意识到自己的智慧力量、体验到创造的欢乐、为人的智慧和意志的伟大而感到骄傲。为了使儿童有强烈的学习兴趣,就必须使他有一种丰富多彩的、引人入胜的智力生活。

(三)减轻学生过重负担

苏霍姆林斯基认为,引导学生有一种丰富的、多方面的智力生活——课外阅读,这是减轻负担的一个重要方面。"如果我们想减轻学生的学习负担,那么就应当让他所阅读的东西,比要求他记住的东西多几倍。"

他认为,对于学习困难的学生来说,负担过重是一种严重的威胁,而参加科学——学科小组,小组里那种丰富的智力兴趣的气氛,能激发他们去阅读,而对他们来说,阅读正是达到顺利学习的最重要的补救手段。

同时,"深入钻研教材的实质,避免机械识记和死记硬背——这一切又有利于培养学生对学习的热爱。同时,对事物的实质本身、对教材内容发生兴趣,又是一种十分重要的动力"。

(四)让学生进行研究性学习

"研究性学习"是指,教师并不把现成的结论、对某一定理的正确性的证明告诉学生。教师让学生有可能提出好几种解释,然后在实际中去对所提出的每一种假说进行肯定或否定。学生通过实践(就这个词的狭义来说,就是对事实和现象进行直接观察,同时也通过间接的思维)去证明一个解释和推翻另一个解释。在这种情况下,知识就不是消极地掌握的,而是去获取的,即靠积极的努力去获得的。因此,这种知识就能变成信念,学生也会非常珍视它们。

研究性学习的特点就是教师不仅要向学生揭示教材的实质,而且要教会学生思考,使他们能够独立地、依靠自己的努力做出同样详细的解释。这样,教师必须"让学生先把他们将要克服什么困难弄清楚,并且不仅把注意力,而且把意志力都集中在克服这种困难上去","教师越是善于给学生的思维活动赋予一种解决任务的性质,那么他们的智慧力量就越加积极地投入这种活动,障碍和困难就暴露得越加明显,从而使脑力劳动成为一种克服困难的过程"。

(五)分层教学,各尽所能

由于"学习上的成就这个概念本身就是一种相对的东西:对一个学生来说,'五分'是成就的标志,对另一个学生来说,'三分'就是了不起的成就。学科的大纲对一个学生来说已是最高限度,而对另一个学生来说却是起码的最低限度要求",没有也不可能有抽象的学生,所以要让学生各尽所能,就只有分层教学。

苏霍姆林斯基认为,按照"各尽所能"的原则而进行教学和教育工作,能为提高学生集体的智力水平创造有利的条件。由于实施这一原则,可以使"差生"不失去自信心,使他们逐步地发展起一些智力技巧,而到了一定的阶段上,他们就能在哪怕一门学科上取得好成绩。

(六)激起学生强烈的学习愿望

1."学习愿望"并不取决于学生的任何天赋才能,而是在日常劳动中、在克服困难中逐步培养出来的一种品质。"学生(特别是高年级学生)能够从教师的话里分辨出真正的热情或者是故意做作的、虚假的、慷慨激昂的情调。他们不喜欢教师那种毫无热情的表现(不是指外表上的表现,而是指内心的流露),因为这里面隐藏着教师对学生的力量缺乏信心的因素""缺乏对学生的知识的真心诚意的关注,就谈不上培养学生的热烈的学习愿望"。于是老师们应该做到,"在备课时,要深刻而周密地考虑让学生通过什么途径去克服学习中的困难,无论如何不能回避这些困难,而要引导学生走上克服困难这条虽然艰巨然而受益极深的道路。每一个学生都应当竭力追求在学习上达到最好的成绩,被这种愿望所鼓舞","热烈的学习愿望就是学生在掌握知识或完成实际作业的每一具体阶段上,在克服困难的过程中所体验的一种道义上满足的状态"。

2.儿童"学习愿望"的源泉,就在于进行紧张的智力活动和体验到取得胜利的欢乐。只有使力量的付出跟儿童的自尊感密不可分的时候,他的劳动才能成为快乐的、诱人的、自愿的劳动。

3.在培养学生学习和取得更大成绩的持久而牢固的愿望方面,教师在课堂上创造一种精神振奋的、生气勃勃的"情调",具有重大的意义。"常有这样的情况,就是从教学法的观点来看,对教师的课没有任何可以指责的地方,但是教师讲述教材时的那种漫无目的、有气无力的口气,使得学生产生一种无精打采的情绪。教师对教材的冷淡态度马上就传给了学生,于是教材就好像成了师生之间的一道障壁","在这种课上,学生没有感到紧张劳动后的健康的疲劳。但是儿童在枯燥乏味的课上所感到的疲劳,往往大于他们在那些充满着紧张的、内容丰富的劳动的课上的感觉"。于是苏霍姆林斯基提出,"课堂教学应当引起良好的情绪感觉,即从学习中得到的满足感、从掌握新知识的紧张劳动中得到的健康的疲劳感"。

4.学生的"学习愿望"跟学生的意志领域有着密切的联系。"学习的愿望是一种精细而淘气的东西。形象地说,它是一枝娇嫩的花朵,有千万朵细小的根须在潮湿的土壤里不知疲倦地工作着,给它提供滋养。我们看不见这些根须,但是我们悉心地保护它们,因为我们知道,没有它们,生命和美就会凋谢"。

【附录】

苏霍姆林斯基的经典语录

1.在学习上取得成就,这一点,形象地说,乃是通往儿童心灵中点燃着"想成为一个好人"的火花的那个角落的一条蹊径。

2.学生的智力发展取决于良好的阅读能力。

3.学生到了中年级和高年级能不能顺利地学习,首先取决于他会不会有理解地阅读:在阅读的时候能够思考,在思考的时候能够阅读。

4.用惊奇、赞叹可以治疗大脑两半球神经细胞的萎缩、惰性和虚弱,正像用体育锻炼可以治疗肌肉萎缩一样。

5.儿童的学习困难越多,他在学习中遇到的似乎无法克服的障碍越多,他就应当更多地阅读。阅读能教给他思考,而思考会变成一种激发智力的刺激。

6.根据学生对教师所给的评分所抱的态度,我们就可以准确无误地作出结论,断定学生对教师的态度如何,是否相信和尊重教师。

7.只有那种明朗的、乐观的心情才是滋养着思想的大河的生机蓬勃的溪流。

8.成功的欢乐是一种巨大的情绪力量,它可以促进儿童好好学习的愿望。请你注意无论如何不要使这种内在的力量消失。缺少这种力量,教育上的任何巧妙措施都是无济于事的。

9.如果说复习是学习之母,那么观察就是思考和识记知识之母。

10.在人的心灵深处,都有一种根深蒂固的需要,这就是希望感到自己是一个发现者、研究者、探索者。

11.哪个学校的各科教师的教学,好像汇合成了一种各自都在争取学生的思想和心灵的善意的竞赛,那么这个学校的智力生活就会显得生机蓬勃。

12.请你努力去唤醒那些无动于衷的、态度冷淡的学生们的意识吧。一个人不可能对任何事物都不感兴趣。接近那种无动于衷的头脑的最可靠的途径就是思考。

13.如果教师只考虑怎样迫使学生用更多的时间坐在那里抠教科书,怎样把他们的注意力从别的一切活动中都吸引过来,那么负担过重的现象就是不可避免的。

14.如果教师的智力生活就是停滞的、贫乏的,在他身上产生了一种可以称之为"不尊重思想"的征兆,那么这一切就会明显地在教学教育工作中反映出来。

15.自由时间是丰富学生智力生活的首要条件。

16.儿童的智慧在他的手指尖上。

17.如果在儿童的意识里事先没有一些能跟教材"挂起钩来"的思想,那么你就无论如何也无法控制住他的注意力。

18.必须使学生意识里有一点"思维的引火线",也就是说,在所讲的学科中,应当使学生有某些已知的东西。

19.你们的孩子的智慧,取决于你们的智力兴趣,取决于书籍在家庭精神生活中占着怎样的地位。

20. 教育——这首先是关心备至地、深思熟虑地、小心翼翼地去触及年轻的心灵。要掌握这一门艺术，就必须多读书、多思考。你读过的每一本书，都应当好比是在你的教育车间里增添了一件新的精致的工具。

21. "明天再做"——这是勤劳精神的最危险的敌人。你要养成习惯，把明天要完成的工作的一部分，提前在今天来做。这是一种很有效的内部刺激，它能使你明天一整天做事情时带着轻松的心情。

22. 如果学生除了教科书以外什么都不阅读，那他就连教科书也读不好。

23. 对一个教师来说，最大的危险就是自己在智力上的空虚，没有精神财富的储备。

24. 教学上最凶恶最可怕的敌人——儿童对学习的冷淡态度。

25. 课外阅读，用形象的话来说，既是思考的大船借以航行的帆，也是鼓帆前进的风。没有阅读，就既没有帆，也没有风。

26. 儿童学习愿望的源泉，就在于进行紧张的智力活动和体验到取得胜利的欢乐。

27. 在每一个年轻的心灵里，都存放着求知好学、渴望知识的火药，只有教师的思想才有可能去点燃它。

28. 学生的脑力劳动是教师脑力劳动的一面镜子。

29. 在绝大多数情况下，数学教师和语文教师在一节课上所要讲的时间，不应超过 5—7 分钟。让学生通过自己的努力去理解的东西，才能成为他自己的东西，才是他真正地掌握的东西。

30. 兴趣已经激发起来即目的已经达到的标志，就是课堂上出现一种"灵敏的寂静"的气氛。

31. 每一个学生在学习中都应当达到他力所能及的成就。——我们不允许那些天赋高、有才能的儿童在低于他们的能力的水准下进行学习。

32.你面对的是儿童的极易受到伤害的、极其脆弱的心灵,学校里的学习绝不是毫无热情地把知识从一个头脑里装进另一个头脑里,而是师生间每时每刻都在进行的心灵的接触。

33.教育的核心,就其本质来说,就在于让儿童始终体验到自己的尊严感。

34.只有能够激发学生去进行自我教育的教育,才是真正的教育。

35.只消一句冷酷无情的话,一个漠不关心的眼光,就足以扯断一根纤细的生命之线。

36.懒惰、散漫、希望尽快地摆脱学习负担——这是危险的孪生子,它们的"母亲"就是童年、少年和青年早期里精神生活的狭隘性和局限性。

37.英雄人物的传记是少年进行自我教育的百科全书。

38.学校里的一切问题都会在家庭里折射地反映出来,而学校的复杂的教育过程中产生的一切困难的根源也都可以追溯到家庭。

39.指望别人给你拿出现成的思想,无异于让别的女人替你生产你怀胎的孩子。有些思想是要你自己在阵痛中去生产出来的,这样的思想才最宝贵。

40.读书,读书,再读书——教师的教育素养的这个方面正是取决于此。要把读书当作第一需要,当作饥饿者的食物。

41.教师的语言修养在极大的程度上决定着学生在课堂上的脑力劳动的效率。

42.正像肌肉离开劳动和锻炼就会变得萎缩无力一样,智慧离开紧张的动脑,离开思考,离开独立的探索,就得不到发展。

43.一个阅读能力不好的学生,就是一个潜在的差生。

44.教学的技巧并不在于使学习、掌握知识变得很轻松、毫无困难。恰恰相反,当学生遇到困难并独立地克服这些困难的时候,他的智力才会得到发展。

45.积累事实,善于从具体事物中看出共性的东西——这是一种智力基础,有了这个基础,就必然会有那么一个时刻,你会顿然醒悟,那长久躲闪着你的真理的实质,会突然在你面前打开。

46.注意力并不靠什么专门的教学方式来维持,而是首先取决于学生的脑力劳动的性质。目标明确、思想专注——这才是注意力的主要源泉。应当尽量做到使思维的努力和意志的努力统一起来。

47.一个教育者需要多么有洞察力和富有同情心,才不致在不小心的时候触痛儿童痛苦的心,并且给它加上新的伤害啊!

48.谁在努力分析自己课的优点和缺点,分析自己跟学生的相互关系中的问题,那他就已取得了一半的成功。

49.教育就是形成"可受教育的能力"——使一个人对自己的成就和挫折非常关心。这一点,在我看来,乃是教育的核心,是教育的最宝贵之点。

50.让学生超过自己的教师是好教师,让学生连自己也赶不上的教师是不好的教师。

51.如果你想让教师的劳动能够给教师一些乐趣,使天天上课不致变成一种单调乏味的义务,那你就应当引导每一位教师走上从事一些研究的这条幸福的道路上来。

第三讲 采取有效的教学方法争取事半功倍

在教学过程中,采取有效的教学方法,让每个学生都有充分表现自己的机会,要引导学生积极主动地动手、动脑、动口,让全体学生都能自始至终主动积极地参与到学习的全过程之中,使教学达到事半功倍的效果。

第一节 以启发式教学法开启学生智慧之门

一、启发式教学的内涵

我国古代大教育家孔子就很重视启发式教学。他曾论述:"不愤不启,不悱不发。"这里"愤"意为发愤学习,积极思考,然后想把知识表达出来;"发"意为开导、指导;"悱"意为积极思考后要表达而表达不清,则要求老师予以答其词,使其清楚。对教师来讲,应该通过自己的外因作用,调动起学生的内因的积极性。

在西方,苏格拉底在教学中重视启发,他善于用问答方式来激发和引导学生自己去寻求正确答案,苏格拉底这种方法被称为"产婆术"。教师在引导学生探求知识过程中起着助产的作用。

启发式教学,对于教师的要求就是引导转化,把知识转化为学生的具体知识,再进一步把学生的具体知识转化为能力。教师的主导作用就表现在这两个转化上。(已知知识→学生具体知识→能力)。在启发式教学法中,"启"是对教师而言,"发"是就学生而论。"启"是教师的主导作用的表现;"发"是学生的学习自觉性主动性的体现。在教与学的过程中,学生的学习自觉性和主动性是起决定作用的,是提高学习质量的内因。

二、启发式教学的要求

（一）强调学生是学习的主体,坚持教师主导和学生主体相结合

启发式教学强调,学生是学习和发展的主体。学生的发展归根结底必须依赖其自身的主观努力,一切外在的因素只有转化为学生的内在需要,并引导学生强烈追求和主动进取时,才能发挥出其对学生身心素质的巨大塑造力。教学中教师的主导作用就集中体现在对学生学习的引导上,施教之功,贵在引导,妙在开窍。启发式教学要求教师的引导要立足于使学生在迫切要求学习的心理状态下自己思考、自己理解、自己消化、自己吸收,从而达到"自奋其力、自致其知",这是教师发挥主导作用的落脚点,也是学生主体与教师主导的有机结合点。

（二）坚持传授知识与发展智力相统一,使知识与能力同步发展

启发式教学自觉地把学生看作认识活动的主体。在教学过程中,教师不以教为主,而是以指导为主;不是重在传授知识,而是重在对学生激发思维,指导思维,发展思维,训练思维,培养思维,使学生在展开充分的生动活泼的思维活动中实现掌握知识与发展智能的有机统一,实现知识增长与能力的同步发展。

（三）注重教法与学法的结合及其转化,培养学生学会学习

注重学法指导是启发式教学的一个重要特征。德国民主主义教育家第斯多惠曾说:"一个坏教师奉送真理,一个好教师则教人发现真理。"在教学实践中,应坚持传授知识与传授方法相结合,注重学习过程本身的教学,使教学成为学生一种自我探索、自我思考、自我创造和自我表现

的活动,从而有效地增强学生的自我意识并提高学生自我教育的能力。同时,坚持教法改革与学法指导同步进行,一方面把教法建立在研究学法和学情的基础上,以提高教法的针对性和有效性;另一方面,在探索和选用先进的教法中,引导学生掌握适合自身特点的学习方法。

(四)强调智力因素和非智力因素的结合,注重学生学习的情绪体验

启发式教学既重视学生的智力因素,又注重学生学习的非智力因素,使教学不仅深入学生的认知领域,还深入学生的情意领域。重视学生学习的情绪体验是启发式教学的又一个重要特征。在教学实践中我们应注重建立民主和谐的师生关系,以形成亲切、民主、融洽、和谐的教学气氛,使学生精神振奋地、生气勃勃地、活泼愉快地参与到教学之中;注重激发学生的学习热情和学习兴趣,从而做到正像苏霍姆林斯基所说的那样:"学生带着一种高涨的激动的情绪从事学习和思考,对面前展开的真理感到惊奇和震惊;在学习中意识和感觉到自己的智慧力量,体验到创造的乐观,为人的智慧和意志的伟大感到骄傲。"

三、启发式教学的特征

1.在教学观上,确立学生的主体地位。课堂教学不是教师教学生学,而是通过教师启发、诱导,主要依靠学习者自身的活动来实现教学目标。师生共同活动,民主相处,教学相长。

2.在教学过程中,强调学生的能动作用。学生不是消极地接受知识,而要靠自己动手、动口、动脑来获得活的知识,增加创造能力。

3.在教学手段上,通过创造良好的学习氛围来激发学习者的学习热情和内在潜能,不断提高教学效果和学生能力。而不是靠死记硬背、题海战术、加班加点等办法来提高学生成绩。

4.在教学目标上,重视学生的全面发展。知识与能力并重,学习与创造并重,智力因素与非智力因素并重,把学生培养成全方位发展的有

创造力的人才。

四、实施启发式教学法的艺术

（一）导入新颖，激发兴趣

在实施启发式教学过程中，教师应根据教学需要从不同的角度、层次和要求提出问题，引导学生思考，更好地理解学习内容，从而激发探究兴趣。这是启发式教学必不可少的重要一步，因为它直接牵动着学生发现、探索问题的兴趣。如果教师通过导课能够创设一种有趣的思维意境，从而刺激学生强烈的好奇心，无疑会使教学事半功倍。教师讲授知识时把教学的基点定位在发展思维和培养能力方面，最好不要给出结论性答案，以便充分发展学生探索问题的能力，激发学生学习的兴奋点。

（二）巧设疑问，引导思维

实施启发式教学要求教师注意教学问题的设计。因为启发式教学通常表现为教师提出问题，学生思考和回答问题。所以，教学问题的设计是个关键。当然设计教学问题的方法很多，总而言之，要求教师善于抓住学生求知探微的心理，把新颖、独特的教学问题设计在教学的重点、难点和关键环节上，设计在学生身心发展的"最近发展区"上。然后，或层层剥笋，步步深入；或排除障碍，迂回前进，最后逼到问题的中心，一点而破，使学生有"山重水复疑无路，柳暗花明又一村"的感觉，以此来激发学生的求知欲望，使学生学习兴趣盎然。

（三）以人为本，民主教学

民主和谐的教学气氛，是启发式教学的重要条件。在教学中，要建立民主平等的师生关系和同学关系，鼓励学生发表独立见解，鼓励学生向教师质疑问题，鼓励学生坚持真理，修正错误。教学中，教师不可唯我独尊、搞一言堂。要充分相信学生的主观能动性，放手让他们围绕问题去操作、去思考、去讨论、去争辩。对于学生的发言及观点不能求全责备,否则会压抑学生的学习积极性。要善于引导学生相互尊重、相互理解、相互学习、相互竞争,使课堂气氛既紧张又和谐。这样,启发式教学才能获得完美的效果。

总之,启发式教学模式是对传统的注入式教学模式在目标、内容、形式及手段上的根本否定和变革,但它并非是一种机械式的课堂教学模式,而是一种基本的教学思维模式。整个教学活动呈现出以学生的主体活动为主线,可以科学地培养学生的思维能力。

第二节　借情境教学法激发学生情感

一、情境教学法的内涵

情境教学法是指在教学过程中,教师有目的地引入或创设具有一定情绪色彩的、以形象为主体的生动具体的场景,以引起学生一定的态度体验,从而帮助学生理解教材,并使学生的心理机能得到发展的教学方法。情境教学法的核心在于激发学生的情感。情境教学法不仅对激发学生的求知欲望,增强学生的学习兴趣,发展学生的智力、能力具有重要的作用,而且对于促进素质教育的深入发展,提高教学质量产生积极的影响。

二、运用多种方法创设情境

1.生活展现情境

生活展现情境,是通过把学生带入社会,带入大自然,从生活中选取某一典型场景,作为学生观察的客体,并以教师语言的描绘,鲜明地展现在学生眼前。生活的场景是广阔的,把学生带到生活中去,就需要教师事先选择鲜明的富有典型意义的画面。

2.实物演示情境

即以实物为中心,略设必要背景,构成一个整体,以演示某一特定情境。以实物演示情境时,应考虑到相应的背景,如"蓝天上的燕子"、"藤上的葫芦"等,都可通过背景,激起学生广远的联想。

3.图画再现情境

图画是展示形象的主要手段,用图画再现课文情境,实际上就是把课文内容形象化。课文插图、特意绘制的挂图、剪贴画、简笔画等都可以用来再现课文情境。

4.音乐渲染情境

音乐的语言是微妙的,也是强烈的,给人以丰富的美感,往往使人心驰神往。它以特有的旋律、节奏,塑造出音乐形象,把听者带到特有的意境中。用音乐渲染情境,并不局限于播放现成的乐曲、歌曲,教师自己的弹奏、轻唱以及学生表演唱、哼唱都是行之有效的办法。关键是选取的乐曲与教材的基调上、意境上以及情境的发展上要对应、协调。

5.表演体会情境

情境教学中的表演有两种,一是进入角色,二是扮演角色。"进入角色"即"假如我是课文中的××";扮演角色,则是担当课文中的某一角色进行表演。由于学生自己进入、扮演角色,课文中的角色不再是在书本上,而就是自己或自己班集体中的同学,这样,学生对课文中的角色必然产生亲切感,很自然地加深了内心体验。

6.语言描述情境

所谓"语言描述情境",即教师用语言对某一情境作具体描摹,使学生产生身临其境的感觉——学生感受到的,不仅是声音,不仅是词,而且仿佛看到了画面。它虽然没有前面五种方法来得直观,但却是教学中最常使用、最易使用的情境教学法。

以上所述创设情境的几种途径,都是运用了直观手段。情境教学十分讲究直观手段与语言描绘的结合。在情境出现时,教师伴以语言描绘,这对学生的认知活动起着一定的导向性作用。语言描绘提高了感知的效应,情境会更加鲜明,并且带着感情色彩作用于学生的感官。学生因感官的兴奋,主观感受得到强化,从而激起情感,促进自己进入特定的情境之中。

三、采取情境教学法的具体要求

首先,情境性教学要求学习应在与现实情境相类似的情境中发生,以解决学生在现实生活中遇到的实际问题为目标,学习的内容要选择真实性的任务,不能对其做过于简单化的处理,以免使其远离真实的问题情境。

其次,情境性教学的过程与现实的问题解决过程相类似,所需要的工具往往隐含于情境当中。教师需要在课堂上提供解决问题的原型,并引导学生进行探索,而不是将提前准备好的内容教给学生。

再次,情境性教学不需要独立于教学过程的测验,因为在学习中对具体问题的解决过程本身就反映了学习的效果。

四、情境创设在教学中的作用

1.创设情境,调动学生感情

只有身临其境,才能更好地调动感情,激起内心的感情共鸣。比如语文教学,要想让学生对一篇文章(尤其是一些感情色彩较浓的文章)理解透彻,就必须让学生有身临其境的感觉。在亲临的氛围中,走进作者心田,领悟其内心情感。例如:《师生情》这篇课文,教师可以通过让学生联系实际生活,再现生活,为学生创设与老师相处的情景。学生只要一回忆自己的亲身经历,自然就理解了老师对她的学生那份真挚而又无私的爱。

2.活跃课堂,让学生有认同感

学生是很有个性的个体。他们更易于接受自己认同的东西。老师分析理论分析的再好,不一定被学生接受。如果贴近学生年龄、知识、生活,化理论为情境,自然能得到学生的认同,也使学生能大胆敞开自己的心扉求知,能把他看到的加上思考,很轻松地理解、解决问题。

3.有利于学生自主学习

创设情境教学,灵活多样,丰富多彩,既适合学生年龄特点,又具娱乐性。学生参与热情高,参与度大,在兴趣中学习,完成自己的知识结构,形成自己的生活观。

总之,情境的运用,给课堂带来了生气,带来了欢乐,改变了以往的老师讲、学生听的被动学习的状况。它针对小学生思维的特点和认识规律,以"形"为手段,以"美"为突破口,以"情"为纽带,以"周围世界"为智慧的源泉,促使小学生合理地使用大脑,且又有和谐的师生关系为保证,使小学生在学习过程中,能够获得探究的乐趣、合作的乐趣、认识的乐趣、创造的乐趣,从而激发学生学习兴趣,调动学生学习主动性、积极性提高学生学习效率。

第三节　用发现教学法去探究事物规律

发现法也称问题法,是美国认知派心理学家布鲁纳根据其"发现学习"理论首先倡导的一种教学方法,其基本精神是在教学过程中向学生提出一系列精心设计安排的问题或作业,组织学生独立思考、搜集材料、自行探索,亲自去"发现"知识,得出结论。发现教学法对发展学生智力,培养学生能力,提高学生的学习积极性和主动性都有很大的作用。

一、发现教学法的一般教学步骤

布鲁纳曾经提出实施发现教学法应遵循的步骤,根据布鲁纳提出的实施步骤,发现教学法的基本教学过程可以概括为五个阶段:

第一阶段:创设问题情境。这一阶段的主要任务是明确所要发现的问题和过程:(1)确定目标;(2)确定路线、步骤和方法。由教师提出要解决或研究的问题,让学生带着问题意识观察具体事实,使学生在这种情境中产生矛盾,提出要求解决或必须解决的问题。教师可以采用多种尽可能生动活泼的手法,引起学生的悬念、好奇心,激发学生探究的要求和欲望。

第二阶段:提出各种假设。引导学生利用教师所提供的某些材料、所提出的问题,提出解答的假设。允许学生有各种形式的猜测、想象,指导学生明确因果联系,强调逻辑推理,鼓励学生自己解决问题,能通过各种证据获得正确结论,使学生对研究问题产生兴趣、树立信心。

第三阶段:自我对比评价。让学生将自己的结论和其他同学的结论对比,若学生之间结论不同时,教师可以引导学生展开讨论,深入思考,对自己的结论重新作出正确的自我评价。若自己的结论不正确,应及时找出问题所在。

第四阶段:验证假设。这一阶段的主要任务是:(1)数据的处理;(2)分析综合、推理判断、归纳概括。引导学生对提出的问题作出假设性的解答,用科学的语言对假设进行逻辑的精选,及时发现问题,收集和组织资料,从理论上或实践上检验自己的假设,成为精确的概念或定理、定义,同时教师充分利用教材、图片、资料、实物、模型、多媒体等教学手段为学生提供所需的资料。

第五阶段:得出合理结论。这一阶段的主要任务是:(1)发现规律性;(2)提出结论;(3)验证结论。根据实验获得的一定材料或结果,像科学家发现知识那样去寻求问题的答案,在仔细评价的基础上得出结论。

二、发现教学法在教学中的运用技巧

运用发现教学法时应注意以下几个方面的技巧。

1.根据学生的"最近发展区"和实际水平创设问题情境教师在应用

发现教学法进行教学时,首先要把教材划分为一个个的发现过程,恰当地确定学生能独立探究完成的"最近发展区",创设符合学生实际水平的问题情境,制定出具体要求。学生只有跳一跳才能达到时,学生的探索和智力才能就会得到发展。

2. 在教学过程中要激发起学生的求知欲

发现法教学从问题入手,通过学生感兴趣的问题,激发学生的求知欲,调动学生的学习主动性和学习兴趣,当课堂教学能引起学生的兴趣时,就可激发学生的好奇心、好胜心,使学生集中注意力学习,更好地去感知、思维和想象。学生通过不懈努力,探索研究,一旦获得结论时,就会有一种成就感,表现出喜悦和求知欲望,为下一次求知欲的产生打下坚实基础。

3. 引导学生积极参与

面对问题情境,学生能否一开始就采用积极的态度,对学习成果影响极大。学生采取的态度不同,会对学习成绩产生决定性的影响。当学生资料积累到一定程度时,教师要适时帮助学生运用已有的知识与问题结合起来,指导他们如何对比事物,如何思考问题,促成学生的发现。当学生在问题探索中出现困难时,教师应给予必要的帮助;当学生在问题探索中出现差错时,教师应对学生进行正确的心理疏导,教会学生如何对待挫折,如何树立信心,培养学生坚强的意志和毅力,最终战胜困难,获得真理。

4. 在教学过程中要充分发挥学生的主体作用

发现教学法以学生为主体,教学要引导学生自己解决问题,让学生在问题情景中积极探索,主动发现,不能使学生处于被动状态,要培养学生具有发明创造的思维方法,让学生亲自把对事物的理解过程整理就绪,使自己成为发现者。

三、发现教学法的意义与作用

1.有利于学生养成积极思考的习惯。发现教学法的核心是在教学过程中创设新颖的问题情景,以激发学生的探究意向,明确发现的目标,再通过对师生搜集的有关资料的分析,去证实结论和解决问题。学生能掌握发现的思路和方法,养成思考问题的习惯,获得解决问题的能力、探索的技巧,培养独立分析问题和解决问题的能力。

2.有利于激发学生的智力潜力。发现教学法不是把现成的东西交给学生,其着眼点不仅在于帮助学生深刻地掌握知识,而且在于通过学生展示论证的思维过程,引导学生自己去发现和探索,体验发现的乐趣,帮助学生形成积极探究的精神,培养创新思维方法和科学精神。教师不仅要让学生掌握知识本身,同时还要教会学生获得知识的方法。

3.有利于培养学生自我激励的内在动机。"发现教学法"注重情感态度对实现教学目标所起的作用,使学生对学习本身或过程有兴趣,通过发现以前未发现的各种关系的法则性和各种观念的类似性,产生自信。学生亲自发现事物间的关系和规律,产生兴奋感和自信心,激发了学习的内在动机。

4.有利于学生执著、灵活地追求问题的解决。发现教学法的目标在于养成学生探究问题的思考方法,灵活、执著地追求解决问题的习惯。在达到发现假设的过程中,为了验证这种假设,不是停留于被动地接受来自外界的信息,而应总想寻找解决问题的可能路线,一个接一个地抽取有用的信息,组织信息,探索解决方略,直至问题的解决,这通常需要坚持不懈的追求。

总之,发现教学法不仅是一种有效的教学法,更重要的是它体现了教学的一种新观念,使学生养成了"发现问题→思考→想办法解决问题"的良好思维习惯,锻炼学生独立解决问题的能力,对学生以后走上社会有极大的帮助,如能应用已学知识会举一反三解决问题,超越已得到的信息有所创造,这才是发现教学法的真正意义所在。

【案例 1】

如果做一张桌子需要 10 元,一把椅子需要 5 元,算一算做图中的课桌椅一共需要多少元?

1.用幻灯出示 4 套课桌椅图片(先出示一张桌子一把椅子,再出示这样的 3 套),启发列式并口述先求什么后求什么。列式:

$(10+5)×4=60$(元)

(先求一套桌椅多少元,再求 4 套多少元)

2.用幻灯出示 4 套桌椅图片(先出示 4 张桌子,再出示 4 把椅子)启发列式并口述先求什么后求什么。列式:

$10×4+5×4=60$(元)

(先分别求出 4 张桌子和 4 把椅子各需多少钱,再求出一共多少钱)

3.互相讨论:通过以上算式发现了什么?(虽然算法不同,但结果相同)所以写成:

$(10+5)×4=10×4+5×4$

【案例 2】

减法的教学

某校王老师在学生掌握了 10 以内加法运算的基础上,开始教学生 10 以内的减法运算。刚上课,王老师并没有宣布这节课的学习任务,而是给学生出了一道题,让学生思考:"小明共有 5 支铅笔,把它们分别放在一个红铅笔盒和一个蓝铅笔盒里。现在红铅笔盒打开了,里面有 2 支铅笔,蓝铅笔盒没有打开,大家想想里面有几支铅笔?"学生还没有减法概念,所以听了这道题,感到有点不大一样。大家都在积极思考,互相交流想法。过了一会儿,一个学生发言:"我们学过了,要想求出未知数,就把两个已知数加起来:2+5＝7。"但有人不同意:"总共只有 5 支铅笔,怎么能得出 7 呢?"另一个学生则写出了算式:2+? ＝5。这时候王老师感到时机成熟,只用不多的讲解就说清楚了减法的概念及其与加法的关系。

第四节　小学常用教学方法优选

目前,我国小学常用的教学方法从宏观上讲主要有:以语言形式获得间接经验的教学方法,以直观形式获得直接经验的教学方法,以实际训练形式形成技能、技巧的教学方法等。这些教学方法之所以经常被采用,主要是因为它们都有极其重要的使用价值,对提高教学质量具有特定的功效。但任何教学方法都不是万能的,它需要教者必须切实把握各种常用教学方法的特点、作用,适用范围和条件,以及应注意的问题等,使其在教学实践中有效的发挥作用。

(一)以语言形式获得间接经验的方法

这类教学方法是指通过教师和学生口头语言活动及学生独立阅读书面语言为主的教学方法。它主要包括:讲授法、谈话法、讨论法和读书指导法。

1.讲授法

讲授法是教师通过口头语言向学生传授知识、培养能力、进行思想教育的方法,在以语言传递为主的教学方法中应用最广泛,且其他各种方法在运用中常常要与讲授法结合。

要求:

(1)认真备课熟练掌握教材内容,对讲授的知识要点、系统、结构、联系等做到胸有成竹、出口成章、熟能生巧,讲起来才精神饱满、充满信心,同时要注意学生反馈,调控教学活动的进行。

(2)教学语言要准确,有严密的科学性、逻辑性;精练,没有非教学语言,用词简要,用科学语言教学;清晰,吐字清楚,音调适中,速度及轻重音适宜;生动,形象,有感染力,注意感情投入。教师的语言表达能力直接影响着讲授法的效果,应在平时加强基本功训练,使之规范化。

(3)充分贯彻启发式教学原则讲授的内容须是教材中的重点、难点和关键,使学生随着教师的讲解或讲述开动脑筋思考问题,讲中有导,讲中有练。学生主体作用表现突出,表现为愿学、愿想,才能使讲授法进行得生动活泼,而不是注入式。

(4)讲授的内容宜具体形象,联系旧知对抽象的概念原理,要尽量结合其他方法,使之形象化,易于理解。对内容要进行精心组织,使之条理清楚,主次分明,重点突出。

(5)讲授过程中要结合板书与直观教具。板书可提示教学要点,显示教学进程,使讲授内容形象化具体化。直观教具如地图、图片、图表、模型等,可边讲边演示,以加深对讲授内容的理解。

缺点:

讲授法有一定局限性,如果在运用时不能唤起学生的注意和兴趣,又不能启发学生的思维和想象,极易形成注入式教学。但不能简单地把两者等同看待。

2.谈话法

谈话法,又称回答法。它是通过师生的交谈来传播和学习知识的一种方法。其特点是教师引导学生运用已有的经验和知识回答教师提出的问题,借以获得新知识或巩固、检查已学的知识。

要求:

(1)在上课之前,教师要根据教学内容和学生已有的经验、知识,准备好谈话的问题、顺序,如何从一个问题引出和过渡到另一个问题。

(2)提出的每个问题,必须题意清楚、具体,表述准确,要求适度,能引起学生思维,问题的难易程度要因人而异。

(3)教师要面向全体学生提出问题,要因势利导,引导全体学生思考,让个别学生回答,要允许学生互相补充或向教师提出质疑。

(4)谈话结束时,教师要归纳总结,得出正确结论,对学生反映出的错误认识,要明确纠正,使学生获得系统、科学、准确的认识。

3.讨论法

讨论法是在教师指导下,由全班或小组围绕某一中心问题通过发表各自意见和看法,共同研讨,相互启发,集思广益地进行学习的一种方法。

讨论式教学法基本程序:

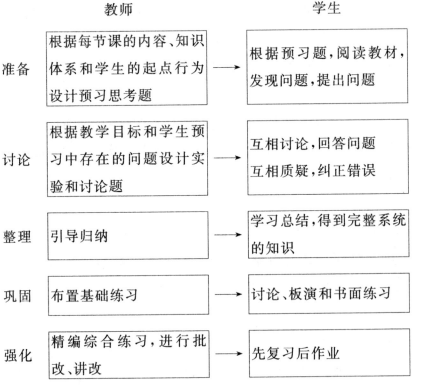

要求:

（1）讨论的问题要有吸引力。抓好问题是讨论的前提，问题要有吸引力，能调动学生的积极性，有讨论、钻研的价值。

（2）鼓励学生讨论。在讨论中既要让学生自由发表见解，又要引导学生围绕议题和中心进行，鼓励学生大胆地展开有理有据的争论。

（3）每次讨论结束时，教师要作出小结。对疑难问题或争论的问题，教师要阐明自己的看法，指出讨论中的优缺点；对某些有争议的问题，学生一时想不通，要允许保留自己的看法，不能强求学生接受。

4.读书指导法

读书指导法是教师有目的、有计划地指导学生通过独立阅读教材和参考资料获得知识的一种教学方法。

要求：

（1）提出明确的目的、要求和思考题。让学生带着任务、问题去阅读，才能提高学生学习的自觉性、积极性，自主地掌握学习的方向、要求和质量，自主地调节自己的行为去实现学习目的。

（2）教给学生读书的方法。引导学生掌握朗读、默读、背诵、浏览、通读与精读的方法，学会利用读物本身的目录、序言、注释、图表，或查找工具书等来帮助理解，学会做记号、提问题、作眉批、摘要、写提纲和读书心得。

（3）加强辅导。学生在阅读过程中必然会碰上困难、发现问题、产生疑难，需要教师及时指点、解决，学生写的心得，做的作业也需要教师及时检查、批改，所以要加强辅导。

（4）组织学生交流读书心得。在个人阅读基础上，可以适当组织学生开展讨论、笔谈、办读书角或交流读书心得体会，收获读书经验，培养学生读书的兴趣爱好。

（二）以直观形式获得直接经验的方法

这类教学方法是指教师组织学生直接接触实际事物并通过感知觉获得感性认识,领会所学的知识的方法。它主要包括演示法和参观法。

1. 演示法

演示法是教师把实物或实物的模象展示给学生观察,或通过示范性的实验,通过现代教学手段,使学生获得知识更新的一种教学方法。它是辅助的教学方法,经常与讲授、谈话、讨论等方法配合一起使用。

演示教学法操作步骤,大体可按以下几个环节进行:

(1)提出主题

在进行这一环节的时候,教师要注意营造一定的演示氛围,引发学生的学习动机,同时提出演示的主题,向学生介绍演示主题的重要性,让学生进入参与演示教学的状态。比如在进行圆柱的教学时,侧面展开图是矩形;以及圆锥的侧面展开图是扇形等。

(2)说明目标

在这个环节,教师要说明演示要达到的目标,讲解演示中涉及到的相关知识,布置在观察时要注意到的事项,让学生在观察演示前对演示主题有基本认识,以便在观察时能把握重点,有所依循。假如没有向学生说明演示目标,学生不带目的观察演示,效果肯定不明显。在讲图形的变换时需要采用演示教学法。但是对于相似变换、位似变换、旋转变换、对称变换每一种要求是不一样的,在对图像进行操作演示的时候,应该让学生明白,从哪一个角度来看有关的性质。

(3)进行演示

在说明概况的基础上,进行操作演示,完成演示的整个程序时,学生对演示主题有整体性的认识。如果有必要的话,可以进行第二次或第三次演示,将演示技能分成几个组成部分,逐一分解并详细演示。很多时候老师一遍演示学生很难把握其中的重要性质和现象,这个时候就需要老师进行多次演示,甚至把演示进行分解。比如,在图像的变换有关教学时,进行变换的时候,为了便于学生理解,同时把几种变换进行演示。

(4)练习强化

在这个环节,教师可以提出问题,让学生围绕演示主题作进一步思考,也可以让学生自己动手操作,按照教师演示的步骤进行练习,通过这一环节的教学,使演示教学的效果得到进一步强化。一定要注意避免为了演示而演示,演示教学是为了解决具体的教学问题。学生在观看了演示后,应该进行相应的思考,把演示中看到的现象进行归纳。甚至需要的时候,让学生自己也动手进行演示,强化对现象的理解。

2.参观法

参观法是根据教学目的要求,组织学生到一定的校外场所——自然界、生产现场和其他社会生活场所,使学生通过对实际事物和现象的观察、研究获得新知识的方法。

参观教学法可以分为:准备性参观、并行性参观、总结性参观。

(1)准备性参观。是在学习某课题前,使学生为将要学习的新课题积累必要的感性经验,从而顺利获得新知识而进行的参观。

(2)并行性参观。是在学习某课题的过程中,为使学生把所学理论知识与实际紧密结合而进行的参观。

(3)总结性参观。是在完成某一课题之后,帮助学生验证、加深理解、巩固强化所学知识而进行的参观。

参观的步骤和要求是:

(1)参观的准备。主要包括:确定参观场所、了解参观单位有关情况,制订参观计划。

(2)参观过程。在熟悉参观对象的基础上,有组织、有步骤地参观。教师可边提出问题边引导学生仔细观察思考。对学生提出的问题教师要认真回答,必要时可请单位有专长的人进行讲解指导。要指导学生作好参观材料的整理,做参观笔记。

(3)参观结束,要作好参观总结,检查计划执行完成情况,指导学生作好参观材料的整理研究,制成图表、标本、模型或制成卡片,放到陈列室里,供日后观察、教学或课外活动用。

(三)以实际训练形式形成技能、技巧的教学方法

这类教学方法是以形成学生的技能、行为习惯、培养学生解决问题能力为主要任务的一种教学方法。它主要包括练习、实验和实习作业等方法。

1.练习法

练习法是在教师指导下学生巩固知识和培养各种学习技能的基本方法,也是学生学习过程中的一种主要的实践活动。

要求:

(1)明确练习的目的和要求。练习虽是多次地完成某种活动,但并不是简单的机械地重复,而是有目的、有步骤、有指导地形成和改进学生技能、技巧,发展学生能力的过程。因此,在练习时,不仅教师要有明确的目的,而且也要使学生了解每次练习的目的和具体要求,并依靠对教材的理解自觉地进行练习。

(2)精选练习材料。练习材料要根据练习目的、学生实际情况以及学习和生活上的实际需要加以选择;要加强基本技能的训练,把典型练习、变式练习和创造性练习密切结合起来,努力促进学生技能的积极迁移,使学生能举一反三,触类旁通,发展他们的实际操作能力和创造能力。

(3)正确的练习方法。练习方法要按照确定的步骤进行,不管何种练习,都要求学生思维的积极性。有的练习材料可采用全部练习法;有的练习材料可采用分段练习法(又称单项或分步练习体系),即把某种复

杂的操作活动,分解为几个部分,先专门练习其中的某一部分,然后再过渡到综合练习。练习开始时,教师通过讲解和示范,使学生获得有关练习的方法和实际动作的清晰表象,然后学生进行练习,先求正确,后求熟练。练习的方式要适当多样化,以提高学生的练习的兴趣和效果。

(4)适当分配练习的分量、次数和时间。技能、技巧或习惯的形成,都需要足够的练习;但是,练习的分量和次数,要根据学科的性质、练习的材料和学生的年龄特征来确定,不是越多越好。练习的时间分配,一般来说,适当的分散练习比过度的集中效果更好;开始阶段,练习的次数要多些,每次练习的时间不宜过长,然后可逐渐延长练习的时距,每次练习的时间略可增加(见练习曲线图)。

(5)了解练习的结果。每一次练习之后,检查哪些方面有成效,哪些方面存在着缺点或错误,保留必要的、符合目的的动作,舍弃多余的动作,或组织一些校正性练习。当学生出现高原状态时,不能轻易认为是生理限度,教师要帮助学生分析原因,指导他们改变旧的活动结构,采用新的方式,并提高他们的信心,鼓励他们突破高原状态,争取更大的进步。

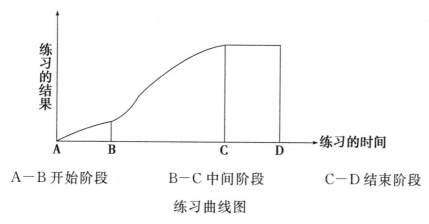

A—B 开始阶段　　　　　B—C 中间阶段　　　　　C—D 结束阶段
练习曲线图

2.实验法

实验法是学生在教师指导下,使用一定的设备和材料,通过控制条件的操作,引起实验对象的某些变化,并从观察这些变化中获得新知识或验证知识的一种教学方法,它也是自然科学学科常用的一种方法。

要求:

(1)教师事前做充分准备,进行先行实验,对仪器设备、实验材料要仔细检查,以保证实验的效果和安全。

(2)在学生实验开始前,对实验的目的和要求、依据的原理、仪器设备安装使用的方法、实验的操作过程等,通过讲授或谈话做充分的说明,必要时进行示范,以增强学生实验的自觉性。

(3)小组实验尽可能使每个学生都亲自动手。

(4)在实验进行过程中,教师巡视指导,及时发现和纠正出现的问题,进行科学态度和方法的教育。

(5)实验结束后,由师生或由教师进行小结,并由学生写出实验报告。

3.实习法(或称实习作业法)

实习法是学生利用一定实习场所,参加一定实习工作,以掌握一定的技能和有关的直接知识,或验证间接知识,综合运用所学知识的一种教学方法。

要求:

(1)做好实习的准备。教师要制定详细的实习计划,并明确提出具体可操作的步骤和要求。准备好实习器具,编好实习小组。

(2)操作过程中加强集体和个别指导,使学生明了操作方法及有关注意事项,在必要时教师先给以示范。同时要求学生独立操作,及时小结各步骤的操作情况,及时检查阶段性结果。

(3)做好总结。实习结束后,做好总结评定,并写出实习工作总结,以巩固操作的收获,养成学生良好的实习习惯,培养实事求是的科学精神。

二、教学方法的选择和运用艺术

第一，重视教学方法的总体功能，力求多种教学方法互相配合，科学组合。教学实践证明，每种教学方法都有其适用范围、使用条件及其功能，在教学过程中没有一种教学方法是万能的或孤立存在的，每种教学方法都有其突出的优点，当然也有不足之处，正如前苏联教育理论家巴班斯基所说："每种教学方法按其本质说都是相对辩证的，既有优点又有缺点，每种教学方法都可能有效地解决某些问题，而解决另一些则无效。每种方法都可能有助于达到某种目的，却妨碍着达到另一种目的。"因此，在全面、具体掌握选择教学方法的依据和了解多种多样的教学方法的基础上，还要正确把握各种教学方法之间的相互关系，相互渗透和转换的辩证关系，对各种教学法进行比较。加以选择、组合，以便发挥其整体功能。

第二，注重学生的内容活动，立足于学生的智力发展。《基础教育课程改革纲要（试行）》指出："教师在教学过程中应与学生积极互动，共同发展，处理好传授知识与培养能力的关系，注重培养学生的独立性和自主性，引导学生质疑、调查、探究，在实践中学习，促进学生在教师指导下主动地、富有个性地学习，教师应尊重学生的人格，关注个性差异，满足不同同学的需要，创造能引导学生主动参与的教育环境，激发学生的学习积极性，培养学生掌握和运用知识的态度和能力，使每个学生都能得到充分的发展。"教师选择和运用的教学方法，应该注重引导学生自主探索，勤于动手，积极思考，有利于学生通过自学去掌握新知识，养成独立学习的习惯，应侧重于研究如何诱发学生的内部活动的积极性及怎样促进学生智力发展。

第三，把握预设与生成的内在联系，注重预设与生成的统一和有机整合。所谓预设,就是根据教育目标和学生的兴趣、学习需要以及已有的知识经验,以多种形式有目的、有计划地设计教育活动。所谓生成是指教师依据学生的兴趣、经验和需要,在与环境交互作用中进行有效的动态性调整,以引导学生生动、活泼、主动地进行新知识的探究活动,让每一堂课都成为不可重复的激情与智慧综合生成的过程。在生成中,教师要为学生创设良好的心理和物质环境,关注、支持、引发学生的主动探索和交往的欲望,满足他们自主活动、自发学习的需要。在备课和教学过程中,既要对教学方式、学生的学习方式进行很好的预设,更要对学生的活动生成问题进行积极而充分的考虑。

第四,合理运用现代教学手段,整合和开拓课程资源。教学就是既要实现对学生因材施教,又要实现全体学生的共同提高,这就要求教师有意义地进行资源重组、合理运用教学手段,尤其是多媒体,较好地创造教学情境,激发学生学习的兴趣和求知,促进学生更好地发展。

第五,注重"教"与"学"的辩证关系。在设计教学方法时不仅要讲究如何"教",更要考虑学生怎样"学",还要研究"教"与"学"的相应关系和作用,研究怎样从实际出发进行教学调控,建立和形成旨在充分调动、发挥学生主体性的学习方式,采用各种方式指导学生有效地学习,用科学的学习方法和思维方法武装学生,有针对性地具体指导学生的学习方法、思路、途径和思维方式,保证学生有足够时间和空间进行有效学习。

第四讲　兼容并包
使用有效的教学手段

教学手段是指教学过程中教师用以运载知识,传递教学信息的物质媒体或物质条件。教学手段是构成教学过程的重要因素,不同的教学手段对教学过程产生不同的影响。因此,教师要合理使用有效的教学手段,最大化地提高课堂教学效果。

第一节　坚持使用板书教学手段

教学板书是教师普遍使用的一种重要的教学手段和表现形式,是师生在课堂上最简易的利用视觉交流信息的渠道。它是指教师根据教学的需要在教学用具(主要是黑板)上以书面语言或符号进行表情达意、教书育人的活动。

一、教学板书的要求

(一)书写规范,有示范性

板书要工整,必须遵循汉字的书写规律,做到书写规范、准确。要把握汉字的基本笔画和笔顺规则,不倒插笔,不写自造简化字。字的大小以后排学生能看清为宜。教师板书时,一定要一笔一笔地写字,一笔一笔地画图,让学生看清楚,对一字一句,甚至标点符号都要有所推敲。教师的板书除了传授知识外还有一个引导和训练学生养成良好的书写习惯的重要任务。板书规范、书写准确、有示范性,是教师在教学中应时刻信守的一条原则。

（二）语言准确，有科学性

这是从内容上对教师的板书语言提出的更高要求，虽然板书在教学上是间隔地出现的，但是最后总要形成一个整体。板书要让学生看得懂，引人深思，不能由于疏忽而造成意思混乱或错误。因此，板书用词要恰当，造句准确、图表规范、线条整齐，这是板书设计中不容忽视的一个方面。

（三）层次分明，有条理性

各学科的教学内容都有较强的层次性、逻辑性和连贯性，所以板书也要层次分明有条理。在课堂教学中，板书和口头讲述是同步进行的两种教学手段，而板书的优势是直观、形象、条理、概括。要使板书发挥这个优势，要求教师必须做到层次清楚、条理分明、主线清晰、枝蔓有序，用板书体现和加强讲解中语言的这些特点。

（四）重点突出，有鲜明性

在教学中板书运用得好可以引导学生把握教学重点，全面系统地理解教学内容，要做到这一点，教师的板书必须重点突出、详略得当，这与语言说明的要求是一致的，也是衡量一个教师教学水平的重要标志。在课堂有限的时间内，能详略得当地处理教材，抓住重点板书有关内容，一堂课后，通过板书就能纵观全课，了解全貌，抓住要领，给人以清晰的印象。

（五）合理布局，有计划性

教师能把讲授的内容迅速而利落、合理而清晰地分布在黑板上，并使学生在讲解中能跟上节拍，全部理解。课后又能使学生通过板书一目了然，通晓理解，这是教师板书艺术。但是，没有课前认真的研究和精心的设计是办不到的。因此，课前教师要根据教学要求，从实际出发，进行周密的计划和精心的设计，确定好板书的内容，规划好板书的格式，预定好板书的位置，在教学时才能有条不紊地按计划进行，准确而灵活地加以运用。

板书可分为主要板书和辅助板书(副板书)。主要板书用于书写教学内容的提纲,帮助学生掌握每节课的主要内容,通常使用黑板中间部分,占黑板面积的二分之一至四分之三。在黑板的两边写辅助板书或画板图。

(六)形式多样,有趣味性

好的板书设计会给学生留下鲜明深刻的印象,形成理解、回忆知识的线索。充满情趣的板书设计,好像一幅美丽的图画,给学生以美的享受,拨动着他们的心弦,引起浓厚的学习兴趣,加深理解和记忆,增强思维的积极性和持续性。在课堂教学中,教师应该根据教学的具体内容和学生思维的特点,运用好板书这种书写形式的教学语言。

二、板书设计的形式

板书设计,是课堂教学的一种艺术,也是检验教师思维能力、笔头表达与教学效果的准则之一。在教育实践中,广大教师进行了深入的探讨,取得了丰富的经验,创造了丰富多彩的板书形式。典型的设计有以下形式:

(一)提纲型板书

它以文字表达为主,把教材内容纲目化。这种形式的板书提纲挈领、条理分明、层次清楚、言简意明、重点突出。学生根据板书提纲学习,思路明确,利于分析问题和解决问题。如《松鼠》的板书为:

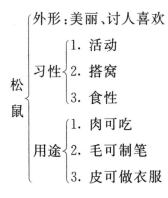

从上面板书中,学生可以清楚地了解文章对于松鼠特点的介绍。

(一)表格式板书

这是一种用表格组成的以文字表述为主的板书形式。它形式简明,内容扼要,对比性强。运用表格式板书,学生可以在老师的指导下,主动学习。例如,讲述世界居民时,可根据人的外表特征列出表格,便于区别和记忆。

项目 人种	肤色	眼色	发色、发型	主要分布地区
黄色	黄	黑	黑而直	亚洲东、东南部
白色	白	蓝灰	黄而稍弯曲	欧、美、大洋洲
黑色	黑	黑	黑而卷曲	非洲中、南部等
棕色	棕	黑	黑而卷曲	大洋洲

(三)词语式板书

词语式板书是在理解教材内容的基础上,提取教材的精髓,浓缩重点词语,精心排列组合。它既可简明扼要、一目了然地概括归纳出教材的风貌,又可以帮助学生准确地掌握词义,加深对教材的理解,深入地体会作者鲜明的感情色彩。如《董存瑞舍身炸暗堡》:

遇到暗堡　喷出火舌　封锁道路　(略)

请求炸堡　瞪着　迸射　坚决　(略)

冲到桥下　跃出　滚　猛冲　(详)

(四)线索式板书

这类板书是紧扣教学内容的思路孕育而成的。例如,在一篇文章中,作者在思想上总有一条思路,教师在备课中抓住了作者的思路,就能进入作者的思想境界,体会文章的真情实感,从而对文章的结构、中心、写作技巧、重点难点就融会贯通了。在板书时抓住故事情节或人物性格

特征等主线,简洁地显示出来。如《竞选州长》一文的板书,可设计为:

竞选州长

资产阶级"民主政治"的虚伪

情节:参加竞选→遭诬蔑、攻击→退出竞选

人物:"我"声望还好→十大罪状→声名狼藉

引文推动情节发展,语言夸张、讽刺

(五)图示式板书

图示式板书是指以画图为主的板书。这样的板书特点是以直观的图画,代替抽象的文字。它既可增加趣味性,又能让学生借助于形象,掌握教材的内容、结构,领会文章的中心。如《田忌赛马》一文的设计:

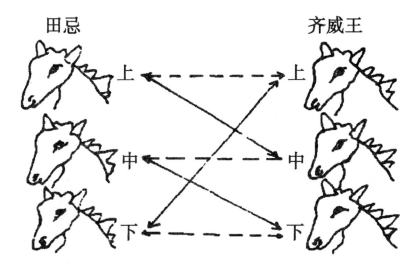

三、板书在教学中的功能

(一)对学生的功能

1.获得知识

对于小学生的学习来说获得知识是最基础的。教师的每一次课堂教学都或多或少地向学生传递着这样或那样的知识,而知识传递的手段之一——板书,发挥着其他教学手段不可替代的作用。教师在课堂中展示的板书无疑是教学内容的展示,板书就成为师生间运用视觉交流知识内容的重要手段,这一手段为全体学生提供共同的可视材料,极大地弥补课堂语言表达的不足,将教学内容的重点与难点以简单的语言文字,直观的符号,形象的图形和鲜明的色彩以及通过这些基本构件的配合向小学生清晰地展示。板书所示内容就是小学生需要学习掌握的内容,利于明确学习重点和难点,集中注意力进行思考,获得知识。

2.获得学习过程与方法

教师板书的过程就是自身思维思考的过程,教师板书时也是将教师自身思维思考的过程与方法向学生展示的过程。学生在黑板上看到的不仅仅是教师所要传授的那一点点知识,学生随着教师的口述和板书的书写跟随教师一同思考,获得知识的同时将文字的书写技巧、文章的分析过程、作者的写作思想一并收入囊中,教师认真细致的态度也会感染小学生。所以教学板书对小学生的学习过程与方法的获得,学习习惯的培养的作用不可小视。

3.非智力因素受到培养

教育是发展学生智力的过程,同时又是发展学生非智力因素如情感、态度、价值观等的过程,课堂板书看似小事,实则关系学生发展的方方面面,只要是学生所能耳濡和目染的教育者均应加以重视。课堂板书一般在全体学生的注意下当堂制作完成,教师对板书的书写态度,教师的审美处理,如颜色的搭配,图形的设计,布局的合理等很多因素都对学生不无影响。所以,这就要求教师在板书的制作与书写过程中倾注无限的热情与情感。

(二)对教师的功能

1.完成教学任务

教师有着教学上的任务,从最朴素的层面上讲,教师教学任务的完成是教师教学的基本追求。板书的制作是教师将需要讲授的知识制作成可以展示的可见的"符号"的过程,教师的作品——板书又是教学内容的载体与表现形式,通过板书的帮助教师将主要的教学内容传授给学生,实现教学目标,完成教学任务。

2.促进教师专业技能

板书的制作对教师的专业技能发展来说起着不可替代的作用。板书技能是教师必须掌握的专业技能之一,教师板书技能的发展依靠实践锻炼与对板书的不断思考。所以,在课堂中教师运用板书也是自身的提高途径。

(二)对师生关系的功能

师生关系是教师和学生在教学交往过程中形成的关系。师生关系表现在很多方面,在板书的制作过程中,鼓励并吸收学生参与板书活动过程,不但有助于打破课堂板书由教师一手包办的局面,而且对于形成融洽民主的师生关系大有裨益。学生参与板书的制作过程,也就是师生交往的过程,教师给予了学生参与的机会,一定程度上给予学生平等的地位,师生之间平等的地位是和谐融洽关系形成的先决条件。所以板书过程利用得好,对教师和学生之间和谐民主的关系的形成有积极的促进作用。

第二节　合理使用多媒体教学手段

21世纪科学技术迅猛发展,计算机和互联网技术逐渐成熟。随着经济的发展,信息技术开始普及,教学也普遍用上了计算机和互联网技术。因而,一种通过设计教学课件,将多媒体用于教学的新型的教学手段产生了。人们称之为多媒体教学手段,也可称为现代化教学手段。

一、什么是多媒体教学

多媒体教学又称为计算机辅助教学,利用多媒体计算机,综合处理和控制符号、语言、文字、声音、图形、图像、影像等多种媒体信息,把多媒体的各个要素按教学要求,进行有机组合并通过屏幕或投影仪投影显示出来,同时按需要加上声音的配合,以及使用者与计算机之间的人机交互操作,以媒体信息作用于学生,形成合理的教学过程结构,达到最优化的教学效果,完成教学或训练过程。

二、多媒体教学的原则

基于多媒体在教学中的巨大作用,所以现在学习和使用多媒体课件的老师越来越多,但是并非所有的教学内容都适用多媒体课件来展示,我们不能为了多媒体课件而使用多媒体课件,让多媒体服务于教学应遵循一定的原则。

1. 教学性原则

多媒体课件应用的目的是优化课堂教学结构,提高课堂教学效率,既要有利于教师的教,又要有利于学生的学。所以首先关心的是利用某个课件进行教学是否有必要。

(1)选取那些常规方法无法演示或不易演示、演示观察不清的内容。

(2)选取课堂上用常规手段不能很好解决的问题,也就是解决教学重点、难点问题。

(3)能通过提供与教学相关的媒体信息,创造良好的教学环境(情景)、资源环境,扩大学生的知识面、信息源。

2. 可操作性原则

课件的操作要尽量简便、灵活、可靠,便于教师和学生控制:在课件的操作界面上设置寓意明确的菜单、按钮和图标,最先支持鼠标,尽量避免复杂的键盘操作,避免层次太多的交互操作。

为便于教学,尽量设置好各部分内容之间的转移控制,可以方便地前翻、后翻、跳跃;对于以学生课堂练习为主的课件,要能对后输入的内容做即时应答,并允许学生自由选择训练次数,训练难度;对于演示课件,最好要可以根据现场教学情况改变演示进程。

3.科学性原则

科学性无疑是课件评价的重要指标之一,尤其是演示模拟实验,更符合科学性。课件中显示的文字、符号、公式、图表及概念、规律的表述应力求准确无误,语言配音也要准确。但在科学性的评判上宜粗不宜细,要做具体分析。如果片面强调科学性,就会束缚人的手脚,不利于多媒体课件应用发展。

所以,演示模拟原理要正确,要反映主要的机制,细节可以淡化,要尊重事实,允许必要的夸张。科学性的基本要求是不出现知识性的错误。

4.简约性原则

课件展示的画面应符合学生的视觉心理。画面的布局要突出重点,同一画面对象不易多,避免或减少引起学生注意的无益信息干扰。注意动物与静物的色彩对比,前景与背景的色彩对比,线条的粗细,字符的大小,以保证学生都能充分感知对象。避免多余动作、减少文字显示数量(如有可能,尽量用语言声音表达),过多的文字阅读不但容易使人疲劳,而且干扰学生的感知。

5.艺术性原则

一个课件的展示不但取得良好的教学效果,而且使人赏心悦目,使人获得美的享受,美的形式能激发学生的兴趣,优质的课件应是内容与美的形式的统一,展示的对象结构对称,色彩柔和,搭配合理,有审美性(这是比较难做到的,但是我们所追求的)。

6.适度运用原则

适度运用原则就是利用认知学习和教学设计理论,根据教学设计,适当运用多媒体教学课件,创设情境,使学生通过多个感觉器官来获取相关信息,提高教学信息传播效率,增强教学的积极性、生动性和创造性,把一定的时间和空间留给学生,让他们理解,让他们思考,让他们交流,让他们质疑(不要满堂电灌)。

7.适度信息量原则

演示型多媒体教学课件信息量太大的现象普遍存在。有一种看法认为多媒体课件的信息量就是要大,只有大信息量,才能体现多媒体的优势。信息量太大使学生囫囵吞枣,这就是"电灌效应",要避免教师学生被课件牵着鼻子走。

适度信息量原则就是指在学科教学过程中有效组织信息资源,提供适度的信息量,在解决教学难点重点扩大视野的同时,能让教师自主地教学、让学生在教师的指导下自主地对信息进行加工。

8.有机结合原则

"寸有所长,尺有所短",教学媒体的采用也要根据教学内容及教学目标来选择,不同教学媒体有机结合,优势互补,才能收到事半功倍的教学效果。例如:数学的方程求解、公式推导等,用多媒体课件教学就不一定比教师与学生一起边推导边板书效果好;实验教学用多媒体课件有时就比实际演示更直观更有说服力;理论问题、微观世界的活动、宏观世界的变化等,采用多媒体课件则有其明显的优势。

三、多媒体教学的优点

(一)优化课堂教学,提高教学质量

1.多媒体的使用,改变了以往"一张嘴,一支粉笔,一块黑板"的教师灌输为主的传统教学方法。教师通过计算机创设意境、渲染气氛,将与教学有关的知识运用图像、动画、声音、文字等信息,在课堂上展示出来,配以大量的视听、动漫等手段刺激学生的多种感官参与教学活动,为学生建立了一个动态教学环境,极大地调动学生学习积极性,使学生由被动学习变为主动学习,从而大大提高课堂教学效率。利用多媒体教学已经被大多数老师认可,并在教学中频频使用。

2.利用多媒体教学,大大增加了课堂知识容量。传统教学中课堂知识的传播主要来源于教师的口授与黑板板书,这两者速度的局限性限制课堂信息含量,使之具有一定的局限性。而课件教学完全可以不受空间限制把拓展的相关知识通过大屏幕展现给学生,增加学生知识量,调动学生渴求知识的欲望,有效提高教学效率。如讲"how do you make a banana shake?"一课时很多与本课相关的单词与短语都能通过大屏幕反映出来,而且相关的图片、训练习题真让人觉得这节课"很丰盛,很可口,很有味道"。

(二)激发学生兴趣,提高学习效率

"兴趣是最好的老师。"小学生好奇心强,注意力容易分散,运用了多媒体教学后,可创设情境,吸引小学生的注意力,激发学生学习兴趣,从而引导学生积极地观察事物,同时也可使课文中的一些重点、难点变得容易理解。

(三)有效促进记忆,培养记忆能力

实验心理学家赤瑞特拉作过两个著名的心理实验:一个是关于人类获取信息主要通过哪些途径。他通过大量的实验证实:人类获取的信息83%来自视觉,11%来自听觉,这两个加起来就有94%。还有3.5%来自嗅觉,1.5%来自触觉,1%来自味觉。多媒体技术既能看得见,又能听得见,还能用手操作。这样通过多种感官的刺激获取的信息量,比单一地听老师讲课强得多,信息和知识是密切相关的,获取大量的信息就可以掌握大量的知识。另一个实验,是关于知识保持即记忆持久性的实验。实验表明:人们一般能记住自己阅读内容的10%,自己听到内容的20%,自己看到内容的30%,自己听到和看到内容的50%,在交流过程中自己所说内容的70%。这就是说,如果既能听到又能看到,再通过讨论、交流用自己的语言表达出来,知识的保持将大大优于传统教学的效果。这说明多媒体应用于教学过程不仅非常有利于知识的获取,而且非常有利于知识的保持。由此,我们可以看到,多媒体技术与教育的结合是必然的趋势。

（四）教学方式生动形象,利于培养学生思维、想象能力

要提高学生的思维能力和想象能力,教师的责任是创设问题情境,让学生独立思考,而后小组讨论互相启发,共同提高。当然,学生的思维训练,必须依靠学生独立思考的能力。而一些晦涩难懂,抽象枯燥,在现实中难以说明的教学内容,在传统方法教学中,即使配以模式或挂图加以说明,因其只是一些静态的死板的教学道具图形,花费大量的精力和时间讲解,也难以达到良好的教学效果。而用多媒体教学手段,集声、像、字动态显示,图文并茂、形象生动,达到了抽象概念具体化,微观概念宏观化的良好效果,易于理解接受,让学生犹如亲临其中得到体验,提高了学生的思维力、想象力。

三、多媒体教学的意义

由于多媒体具有图、文、声并茂甚至有活动影像这样的特点,所以能提供最理想的教学环境,优化教学效果。它必然会对教育、教学过程产生深刻的影响:改变教学模式、教学内容、教学手段、教学方法,最终导致整个教育思想、教学理论甚至教育体制的根本变革。

（一）有效改变"填鸭式"教学方式,提高学习效率。

大家知道,在传统的教学过程中一切都是由教师决定。从教学内容、教学策略、教学方法、教学步骤甚至学生做的练习都是教师事先安排好的,学生只能被动地参与这个过程,即处于被灌输的状态。按认知学习理论的观点,人的认识不是外界刺激直接给予的,而是外界刺激与人的内部心理过程相互作用产生的,必须发挥学生的主动性、积极性,才能获得有效的认知,这种主动参与性就为学生的主动性、积极性的发挥创造了很好的条件,即能真正体现学生的认知主体作用。多媒体教学打破了传统的教学模式,能够激发学生求知欲,提高教学的互动性,浓厚的学习兴趣,促进学生智力的开发,提高学习效率。多媒体教学给学生以更大的思维空间;将单纯的知识熟记,知识再现的教学方式转换为理解性

的思维教学;师生互动,做到教学相长。

(二)超文本功能可实现对教学信息最有效的组织与管理

超文本是按照人脑的联想思维方式非线性地组织管理信息的一种先进技术。如果所管理的信息不仅是文字,而且还包含图形、图像、声音等其他媒体信息,那就成为一个超媒体系统,换句话说,超媒体就是多媒体加超文本。事实上目前的绝大多数多媒体系统都是采用超文本方式对信息进行组织与管理。因此在一般情况下,也可以对超媒体系统与多媒体系统不加区分,即把超文本看作是多媒体系统的一种特有功能。超文本功能实现对教学信息的组织与管理,其优越性在于:

(1)可按教学目标的要求,把包含不同媒体信息的各种教学内容组成一个有机的整体。在传统的印刷教材中,有关语音和活动影像的内容无法与文字内容组成一体化的教材,只能以教科书、录音带、录像带三者各自独立的形式,分别出版。显然,这样的教科书,其内容必然是单调、枯燥的,与超文本方式组织的图、文、音、像并茂的丰富多彩的电子教材不可同日而语。

(2)按教学内容的要求,把包含不同教学要求的各种教学资料组成一个有机的整体。教学过程的每个教学单元均包含课文、练习、习题、提问、测验、对测验的解答及相应的演示或实验,把这些教学内容相关而教学要求不同的教学资料有机地组织在一起,无疑对课堂教学、课外复习或自学都是大有好处的。而按传统文本的线性、顺序方式来组织、管理教学内容绝不可能做到这一点。

(3)超文本和超媒体在教学中最大的优势是它的交互性,它们能刺激读者的多个感觉通道,满足不同学习风格的学生的要求。例如,如果教师在教关于老虎的知识,那么他不仅能够找到关于老虎的文本信息,还可以让学生看老虎的照片和短小的视频剪辑,听到老虎的吼叫声。

(三)使用多媒体教学,促进教育观念的转变

教育观念是教育实践的灵魂,也是现代教育技术应用的核心,先进

的教育技术必须由先进的教育观念来支撑,教育观念和教育理论水平是影响现代教育技术使用效果的主要因素,同时,教育观念更新又离不开教育改革的实践,现代教育技术的广泛应用,又必然促进教育观念、思想、方法、手段、内容乃至人才培养模式的深刻变革。因此,教育观念更新与现代教育技术应用是相互制约、相互促进的,两者在素质教育的实践中得到统一。

四、多媒体教学应注意的问题

在现代小学教学当中,多媒体技术的应用非常广泛,它为学生获取知识、发展智力、提高能力开辟了更加宽广的道路。当然,技术的运用,一定要符合教学规律,要充分认识到多媒体计算机技术的运用只是一种辅助手段,更不可能代替老师的课堂教学。老师的主要任务是要营造一个真正以学生为主体的教学环境,鼓励学生加强主体意识,激发学生探究新知识的兴趣,这样才能取得最佳教学效果。当前小学教学中运用多媒体辅助教学存在一些普遍性问题。因此,如何解决多媒体辅助教学存在的问题,提高多媒体辅助教学在课堂教学中的作用,值得我们认真探讨。

(一)过分依赖多媒体课件,师生之间缺乏互动

和传统教学模式相比,多媒体辅助教学有着明显的优点:提高学生学习的主动性、积极性,有利于发展学生的智能。因此某些教师便片面追求多媒体辅助教学,而其所用的所谓的多媒体课件,也只是简单的文字加图片,是用投影片完全能够实现的,这样大材小用,造成大量资源浪费。多媒体教学的格式化、定义化、程序化的特点,使整个课堂只能按照教师事先设计的程序按部就班地进行。有的老师在上课时怕操作失误,为图方便,就让计算机将课件设计成顺序式结构,上课时只需按一个键,课件便按顺序"播放"下去。学生依然是被动听讲,没有讨论、辩论等形式鼓励学生参与课堂教学。教师总要想方设法将学生的思路引到电脑的既定流程上来,这只不过强化了教师的主动性和学生的被动性。教学

过程中缺乏师生间的有效互动,课堂气氛沉闷,从而影响学生主动性、积极性的发挥,降低学生的学习热情,束缚学生的创造性。

（二）教师课件制作水平存在问题

制作多媒体课件要求教师有较强的计算机操作能力,虽然教师一般对课件制作下了不少功夫,但仍存在很多不足。诸如多数课件制作仍以初级软件如 powerpoint 为主,对一些专业软件利用不多。在具体实践中,常在形式和内容等方面出现问题。在形式上,有的课件只有文本信息,或是简单的文字加图片,将多媒体展示作为电子黑板,没有发挥多媒体教学的优势;有的只片面强调视听效果,课程内容为动画、视频等大量信息所充斥,主题不够鲜明。在内容上,有的教师对教学内容没有经过认真的消化、整理和组织,内容千篇一律,没有合理的层次结构;有的则与教科书关联不大,甚至与教学内容、教学目标不相匹配。这样的课件并没有实际意义,基本上不能够有效地激发起学生的学习兴趣。

（三）信息量过大,不能有效地调动学生学习积极性

使用多媒体授课减少了教师在课堂上画图、板书等工作量,从而提高了教学效率。运用得好,把握恰当,能够增大课堂信息量,加快教学进度,拓宽学生的知识面。但是在利用多媒体授课的教学实践中,稍不注意,就会发生课堂信息量过大、教学进度太快,学生在听课时思维处于过度紧张状态,没有足够的时间理解、消化、吸收,没有时间记笔记,以至于许多学生因无法跟上而对多媒体教学失去兴趣的情况。

五、解决多媒体教学存在问题的策略

（一）明确教师的主导作用和学生的主体作用。

在多媒体教学过程中要尽量注意避免课堂枯燥的讲述,要充分吸引学生的注意力,这就要求我们的多媒体课件要有丰富的动画、图形、声音的演示,加上教师深入浅出的讲解,学生会在不知不觉中学到知识。现代教育理论认为,学生的知识不是教师教会的,而是学生自己学会的,学生是学习

的主体。在课堂教学中,应在师生之间形成一种和谐、民主、平等、愉悦的学习氛围,满足学生的求知需求,调动主动学习的积极性。充分发挥多媒体的优势,可以为学生创设新颖优美的学习情景,启发学生自己去畅想、探索和发现。利用多媒体信息量大、灵活多样的特点,让学生从不同角度、不同层面了解同一问题,在学生中就容易产生不同的认识,导致思维多元化的发展,鼓励学生敢于提出问题、发表自己的意见,从而引起讨论,并进行交流,通过师生之间、学生之间的互动,促进彼此之间的交流和信息传递,由学生自身积极构建所学的有关知识。让学生尽量做到课前预习,课后及时复习。课后进行巩固学习是将知识转化的重要环节,可以引导学生产生认知的第二次飞跃。为此,教师应根据每节课的具体内容留给学生几个有代表性的习题或启发学生进一步探索的思考题;指导学生到图书馆查阅某一方面的参考资料以此培养学生的自学、查资料、解决问题的能力;有些教学内容可在课后通过做实验使学生的学习技能、思维得到同步发展,而且通过理论联系实际,进一步提高学生的学习主动性。

(二)注意板书的书写

在实际课堂教学过程中,有效利用现代化教学手段的同时,传统板书的应用同样对提高课堂教学的效率起着关键的作用。企图用屏幕来代替黑板的所有功能,缺乏板书、演算的做法,将会事与愿违的。板书的书写,在写到另一边的时候,原来的部分还在,往往可以借鉴来解新题,而课件是一页一页的,放下一页的时候,学生的思路连续性,实际上等于出现了一个断层,学生只能考虑当前的问题,不利于学习知识的连贯过程。比如小学数学运算定律的推导这节课,可以将运算定律的公式和变形式设计在黑板的左边,始终保留,整节课实际上都是围绕这些定律展开的,学生在做课堂练习,没有思路的时候,就可以借鉴一下,开阔思路。

(三)注意把握好课堂信息量,给学生足够思考时间

传统课堂教学中学生已经适应了教师讲、自己听的教学模式,在课堂上是顺着教师的思路想,而且速度比较慢。因此,使用多媒体授课时,

对它的优越性一定要把握得当,把握好"点"与"悟"的度,"点"到的同时给学生留一些"悟"的时间。对于最初接触多媒体授课的学生,教师一开始应尽量讲慢一些、透一些,经过一定的适应期后,再根据具体情况适当增加信息量、加快教学进度。必要时还要有一定的重复,以便于学生加深理解,并且有充分的时间做笔记。

总之,多媒体教学作为新兴的教学手段,代表了现代教育的一个发展方向,是教学改革发展的必然趋势。在具体应用中,如何趋利避害,发挥其强大优势,提高教学质量,努力挖掘多媒体技术的教学优势,使多媒体教学真正成为学校教学的利器,是广大教师在教学实践中应当不断思考的问题。

【案例】

人教版小学语文教案《秋游》多媒体辅助教学设计

◆认知目标:能准确、流利、有感情地朗读课文;理解生词;会用"有的……有的……有的……"的句式说一段流畅的话。

◆能力目标:培养学生的发散思维和自主学习能力。

◆情感目标:激发学生热爱大自然的思想感情。

一、创设情景,引导探索

针对小学生年龄小、活泼好动、兴趣既易激发又易减退的特点,运用多媒体技术,把教材中单一的文字内容,通过文字、声音和图像相结合的形式,形象生动地展示出来,创设具有直观性和感染性的情境,充分激发学生的求知欲望,保持其学习兴趣的持续性,使其在轻松愉悦的气氛中接受新知识。

我没有直接揭题进行教学,而是首先播放了一段秋天景物的录像。这时,我提出问题:"小朋友们通过看录像,发现了什么?"蓝蓝的天空、金黄的稻谷和火红的枫叶,这些都使学生很容易发现秋天已经到了。这时,多媒体展示动画课题《秋游》,初步把学生的学习兴趣提起来,激发他们的求知欲望。

二、诱导建构,形成体系

在教学过程中,我采用多媒体技术创设良好的问题情境,诱导学生把文章的内容和自己的实际生活联系起来,帮助学生建构新的知识体系。

1.讲读课文时,我首先播放配乐朗读,让学生整体感知课文内容,并着重讲解课文二、三、四小节。在导读第二小节,讲解白云的变化时,我利用 Flash 制作了一段白云变化效果,引导学生具体感受秋天天空的美(美在颜色是"蓝蓝的";美在"一望无际";美在几朵白云"有时像一群白兔,有时像几只绵羊"的形态变幻)。在学生有了具体感受之后,引导学生反复朗读。同时,多媒体出示"有的……有的……有的……"的句式练习进行发散性思维练习。

2.第三小节的教学,让学生通过想象练说,进行第二次发散性思维训练。多媒体展示稻谷、高粱和棉花的图片,让学生通过看图,练习说"农田里,稻子黄了,黄得怎样? 高粱红了,红得怎样? 棉花白了,白得怎样?"。接着让学生反复诵读,其中"黄了""红了""白了"音量逐次加重,充分表达孩子们看到五颜六色的田野风光时的愉悦心情。

3.最后一小节的教学,扣住"开心"一词,通过多媒体展示课文中小伙伴秋游时开心的场面,让学生联系生活实际展开想象,表现这种"开心"的心情。然后,出示"操场上,同学们……商场里,顾客们……风景区,游客们……"三个不同梯度的句式对学生进行训练,提升学生的知识结构梯度,拓展学生的自学能力。

三、拓展思维,升华情感

在教学结束前,为了让学生进一步感受秋天的美,我用多媒体展示上课开始时的录像,并安排学生一起唱"郊游"歌,在愉快的氛围中结束了教学。

最后,我设计了"用几句话写你眼里的秋天美景"一题把训练延伸到了课外。

第五讲　课堂教学是小学教学工作的中心环节

第一节　恰当导入　激发学习热情

课堂导入是需要艺术的。语文特级教师于漪曾说:"课的开始好比提琴家上弦,歌唱家定调,第一个音定准了,就为演奏或歌唱奠定了基础。上课也是如此,第一锤应敲在学生心灵上,像磁石一样把学生牢牢地吸引住。"由此可见,一个成功的课堂导入环节,能迅速集中学生的注意力,激发学生的求知欲和学习热情。

一、课堂导入的方法

（一）温故知新导入法

温故知新的教学方法,可以将新旧知识有机地结合起来,使学生从旧知识的复习中自然获得新知识。它利用知识之间的联系导入新课,淡化学生对新知识的陌生感,使学生迅速将新知识纳入原有的知识结构中,能有效降低学生对新知识的认知难度。

如在教"圆的面积计算公式"时,引导学生思考:"我们在推导三角形和梯形的面积计算公式时,曾采用的是什么方法？ 你们也能用这些方法来推导出圆面积计算公式吗？ 试一试吧!"于是学生分别用切割、增补的方法把圆先分成若干份,再重新组合。

生 A:把圆片平均分成 16 个相等的小扇形。

生 B:把它们拼成了一个近似于长方形的图形。

从而根据长方形面积计算公式推导出圆面积计算公式。这时,教师再引导学生阅读教材,让他们感受到自己的探索是成功的。这样,不仅培养了学生的思维能力、操作能力,而且让他们学到了探究数学知识的方法,促进了学生素质的和谐发展。

(二)创设情境式导入法

创设情境式导入指的是在引入新课时,教师从教学需要出发,创设与教学内容相适应的具体场景或氛围,引起学生的情感体验,激发和吸引学生主动学习。由于小学生形象思维占优势,情境式导入利用音乐、投影、录音等直观形象的手段以渲染课堂气氛,为学生理解教材提供特定的情境,是符合学生心理特点并受其欢迎的,在教学实际中运用相当广泛。

如在教《小蝌蚪找妈妈》时设计这样一段导语:(轻快的音乐先响起)暖和的春天来了,池塘里的冰融化了。青蛙妈妈睡了一个冬天,也醒来了。她从泥洞里爬出来,扑通一声跳进池塘里,并且生下了很多黑黑的圆圆的卵。轻风吹过,阳光和煦,池水温暖了。青蛙妈妈下的卵慢慢地都活动起来,变成一群大脑袋、长尾巴的蝌蚪,在水里游来游去,自由自在。学生的思绪随老师生动形象的描述自然而然地进入了生机盎然的池塘里,也在不知不觉中,随着老师的引导轻松愉快地进入学习情境。

(三)设疑导入法

设疑导入法即所谓"学起于思,思源于疑",是根据小学生追根求源的心理特点,通过设疑布置"问题陷阱",从而引起学生积极思考,使学生产生迫切学习的浓厚兴趣,进而引出新课主题的方法。运用此法必须做到:一是巧妙设疑。要针对教材的关键、重点和难点,从新的角度巧妙设问。此外,所设的疑点要有一定的难度,要能使学生暂时处于困惑状态,营造一种"心求通而未得,口欲言而弗能"的情境。二是以疑激思,善问善导。设疑质疑的目的是要以此激发学生的思维,使学生的思维尽快活跃起来。

如教学《狐假虎威》时,可这样导入:"假如一只狐狸和一只老虎在一起,谁怕谁? 谁吃谁?"学生答:"当然狐狸怕老虎,老虎吃掉狐狸。"师说:"今天讲的故事却是老虎听从狐狸的话,狐狸轻而易举地指挥着老虎。老虎非但不敢吃掉狐狸,反而觉得狐狸威风凛凛。你们说奇怪不奇怪? 想知道这是为什么吗? 请看课文。"这段导语引发了学生的好奇心,驱使他们认真学习课文。

(四)故事导入法

因为小学生的感性认识占据思想的主要地位,他们对一些相对简单,同时又能吸引他们注意力的事物往往比较感兴趣,所以,故事导入法也不失为一个很好的方法。结合本节课要讲解的内容,把教学内容延伸到课外,教师可以自己编排故事,也可以通过总结课文的中心思想来进行导入,或将小学生作为故事情节中的一个角色,这样都可以在短时间内把他们吸引到教学中来。

(五)电教导入法

电教导入法是把不便于课堂直接演示和无法演示的数学现象或规律制作成课件或幻灯片,用计算机模拟或放映图片来创设情境,激发学生的学习兴趣,然后教师点题导入新课。幻灯、录像、投影仪、计算机等电教设备能为学生创造良好的学习环境,从而调动学生的学习积极性和主动性。

如一位教师在教学苏教版小学数学二年级上册第七单元《位置与方向》中的《认识方向》内容时,用 PPT 出示太阳图片,师:"小朋友们,这是什么?"生:"太阳!"师:"太阳每天是从哪个方向升起的?"生 1:"太阳每天从东方升起。"生 2:"太阳每天从东方升起,从西方落下。"师:"对,东和西是我们熟悉的两个方向。你知道哪个方向是东吗? (教师取出太阳的模型)谁来把这轮刚升起的太阳挂在我们教室的东边……"

总之,课堂导入的方法是多种多样的,但无论哪种方法,教师都要根据学生的生理、心理、知识水平、认知能力,加上教材的内容特点等来做精心设计。

二、一个成功的导入应该遵循以下几点原则

1.导入必须服务于既定的教学目标

导入,一定要根据既定的教学目标来精心设计,服务于教学目标,必须有利于教学目标的实现,使之成为完成教学目标的一个必要而有机的部分。

2.导入必须服从于教学内容

导入,可能是新课内容的知识准备和补充,可能是新课内容的组成部分,也可能有利于教学内容的学习与理解。新课导入必须根据教学内容的需要来进行设计。

3.导入必须符合学生的实际

《新课程标准》指出:学生是学习的主人,学生是教学的主体,教学内容的好坏,要通过学生的学习情况来体现。教学过程中,新课导入的设计要符合学生认识事物的规律,要与学生的认识特点相适应,从学生的实际出发,既要考虑学生的年龄、性格特征,又要考虑学生的知识能力水平。

4.导入必须简洁,紧凑

教学中,有许多老师,尤其是刚参加工作的年轻教师,只图表面气氛热烈,闹闹哄哄,追求形式上的活泼,而把学生的兴趣和注意力都引到看热闹上去,或过多的占用课堂教学时间,影响教学效果,结果偏离了主题,一堂课下来,费时不少,收效甚微。导入是新课中的一个过渡环节,要简洁、短小精练,一般控制在 5 分钟以内,避免长时间的导入占据了最佳学习时间,使学生产生注意力的转移,而不能达到预期目标。

第二节 巧妙提问 活跃课堂气氛

在课堂教学中,教师的提问具有很强的艺术性。问得好,有利于激发学生的求知欲,提高其学习兴趣,活跃课堂气氛,增强教学效果。如果问得不好,则会白白浪费时间,不能很好地完成教学任务。可见,课堂提问要讲究艺术。

一、问题类型

根据设计问题时检测目标的不同,可将问题划分为五种类型。

1.回忆性问题

这是一类学生凭记忆能够回答的问题。例如:三角形的内角和是多少? 如何求三角形的面积? 这种提问主要是引起学生回忆、再现所学知识,起到防止遗忘的作用。从认知心理学角度看,这种提问能够激活原有认知结构,为接受新知识做好准备。由于这类问题的思维层次低,对培养学生的思维能力的作用是不大的,但是对于了解检查学生基础知识掌握的情况是有积极作用的,而且目前的考试试题中,记忆性的问题还是占有一定的比例,所以这类问题在课堂中占有一定的数量。

2.理解性问题

学生通过对所学内容进行一定的转换、解释、推测方可获得答案的问题,要求学生对所学内容进行一定程度的加工。例如:试解释彩虹的形成。这类提问多用于了解学生对所学知识的领会、掌握情况。该种问题的目的在于引导学生理解教材,形成科学概念,培养学生的抽象思维能力。

3.运用性问题

它考察的是学生能否将学习所得运用于新的情境。此时的提问已达到了较高水平的理解。具体表现为考查学生能否应用概念、方法、规则、原理等。其提问的表现形式为:计算、示范、解答、修改等。例如:正方形的边长是 4cm,它的面积是多少? 这种提问能训练学生运用所学知识解决问题的能力,并使学生触类旁通,举一反三,发展学生的智力,培养学生运用知识的能力,促使知识间的迁移。

4.思考性问题

这类问题要学生通过对已有的知识进行加工,是通过比较、归纳、分析、综合才能回答的问题。例如:长方形和正方形有哪些相同点和异同点? 这类问题在没有解答过以前,单凭记忆性的知识一般是不能回答的。当然经过多次练习之后,可以把答案记忆下来,当再次回答时,就有可能成为记忆性问题。就第一次解答此类问题而言,要求的思维层次较高,要经过分析、综合、比较、分类、抽象、概括等才能回答,这对学生思维能力的培养能起到较大的促进作用。

5.评价性提问

这类问题要求学生根据一定的准则和标准对事物进行价值判断,它往往没有确定的标准答案。例如:学了《草船借箭》后你有什么感想? 如何评价诸葛亮? 这类提问是让学生运用所学知识,对所学知识的重点、难点、关键点部分,经过分析、比较、推理、论证,加以评析,发表评论,培养学生分析、评价问题的能力,还能培养学生的创造力。

二、课堂提问的艺术

(一)精心酝酿——优化课堂提问的内容

课堂提问的内容应当紧扣教材,围绕教学目标和学习目的要求展开,不能"拾到篮子里都是菜",随便凑几个问题。优化课堂提问内容至少应当兼顾到以下几个方面:

1.提问内容要有启发性

设计提问内容要多编拟能抓住教学内容的内在矛盾及其变化发展的思考题,为学生提供思考的机会,并能在提问中培养学生独立思考的能力,尽量少问非此即彼的问题。提问要能引导学生到思维的"王国"中去遨游探索,使他们受到有力的思维训练。要把教材知识点本身的矛盾与已有知识、经验之间的矛盾当作提问设计的突破口,让学生不但了解是"什么",而且能发现"为什么"。同时,还要适当设计一些多思维指向、多思维途径、多思维结果的问题,强化学生的思维训练,培养他们的创造性思维能力。

2.提问内容要有趣味性

提问内容的设计要富有情趣、意味和吸引力,使学生感到在思索答案时有趣而愉快,在愉快中接受知识。教师要着眼于课文或知识点结构体系巧妙地构思设计提问,以引起学生的好奇心,激发他们强烈的求知欲望,促使学生在生疑、解疑的过程中获得新的知识和能力,并因此体味到思考与创造的欢乐、满足。

3.提问内容要有预见性

提问能事先想到学生可能回答的内容,猜想学生回答中可能的错误或不确切的内容以及可能出现的思维方法上的缺陷,据此设计解答的方案。值得注意的是每堂课都有一个主题,即这堂课的主要内容,在设计课堂提问内容时应该紧紧围绕着主题构思。

4.课堂提问内容要有难易区分度,符合学生的年龄特点和认知水平

提问内容过于简单,达不到启发的目的;提问内容太难,学生无从下手。要为学生搭置一些合适的台阶,让学生循此台阶拾级而上,跳一跳,摘得到,保证学生的思维经历发现的过程,而不会感到高不可攀。教育测量中的难度 $PH=1-W$,W 表示课堂内的学生总数,P 是答问通过的人数。难度 PH 在 0 至 1 之间,提问的难度一般应控制在 0.3 至 0.8 之间,使多数学生通过努力都能解答。

(二)巧妙安排——优化课堂提问的结构

每一节课、每一个知识点的提问所涉及的内容都不是孤立的,相互

间存有一定的内在联系。因此,根据教学目标和学习要求组织课堂提问,优化提问结构是其中不可忽视的重要一环。

1.注重整体性

课堂上所提问题要尽可能集中在那些牵一发而动全身的关键点上,以利于突出重点、攻克难点。同时,组织一连串问题,构成一个指向明确、思路清晰、具有内在逻辑关系的"问题链"。这种"问题链"能够体现教师的教学思路,打通学生的学习思路,具有较大的容量,大到举纲提要,统率全篇,小的也能解决某个问题。

2.要体现量力性

一方面,要适时,即提问的时机要得当。古人云:"不愤不启,不悱不发。"可见,只有当学生具备了"愤、悱"状态,即到了"心求通而未得,口欲言而未能"之时,才是对学生进行"开其心"和"达其辞"的最佳时机。这就要求教师把握好时机,提出的问题让学生能"跳一跳,摘得到",并达到解惑的目的。另一方面,要适量。提问设计要精简数量,直入重点。一堂课45分钟,不能都由提问占据,应当重视提问的密度、节奏以及与其他教学方式的配合。要紧扣教学目的和教材重点、难点,根据学生的实际情况,力求提问设计少而精,力戒平庸、烦琐的"满堂问"。可借鉴系统工程的方法,对问题进行合并、简化、删除,达到精简数量、加大容量和提高质量的目的。

3.要增强灵活性

课堂提问没有固定的程式,在导入、新授、讨论、练习等诸环节中都可以组织提问,或者说带着问题进行;也可以在学生精神涣散时,用提问的方法来集中学生的注意力。同时,教师要善于灵活地穿插运用转入、点题、沉默、查核、催促、提示、重述、评论、强化、延伸、更正、追问和扩展等教学手段,使提问不呆板,不落俗套,能够激起学生的学习兴趣和学习热情。

（三）合理调控——优化课堂提问的语言

无论是问话还是解答，从高标准、严要求角度看，课堂教师提问的语言都应力求实现"六要"。一要语调愉悦，声音亲切柔和，感情丰富，能吸引学生集中注意力；二要语汇丰富，提问和解答妙语横生，流畅自如，形容得当，措词清新，必要时画龙点睛，一语道破；三要语言风趣，富有幽默感和诙谐性、含蓄性；四要语言精练，对每个词句都能加以斟酌推敲，言简意赅；五要语言质朴，做到诚恳和实事求是，不夸夸其谈，华而不实，哗众取宠；六要语言机敏，为顺利答疑解惑，要善辩，具备随机应变的能力。在问话上，要特别注意所提问题必须明白简练。所谓明白，就是语言通俗易懂，深入浅出，使学生明确地知道教师提问的内容。所谓简练，即语言简洁清楚，干净利落，恰到好处，那种啰啰唆唆的冗长叙述，只能让学生昏昏然，抓不住提问的要领。在问题的解答上，要尤其注意语言节奏感的合理运用。所谓节奏感，是指教师解答时，声调要有高有低，节奏有快有慢。讲话不能总是一个声调，一个速度，声音要有停顿，该高则高，该低则低，该快则快，该慢则慢，该停则停（停顿的目的是给学生以回味、思考的时间）。

（四）科学设计——优化课堂提问的过程

课堂提问过程的优化，主要分为以下四个阶段：

1.置境阶段：在这一阶段，教师要用指令性语言设置问题情境，由讲解转入提问，使学生在心理上对提问有所准备。

2.置疑阶段：在教师用准确、清晰、简明的语言提出问题后，要给学生留有思考时间，然后根据学生的具体情况，结合教学经验，再要求学生回答。

3.诱发阶段：如果学生对所提问题一时回答不出来，教师要以适当的方法鼓励、启发、诱导学生作答。教师可查核一下学生对问题是否明确，促进学生回答；可以给出相关提示材料，协助学生作答。

4.评核阶段：教师应以不同的方式评价学生的答案，包括：检查学生的答案，估测其他学生是否听懂答案；重复学生回答的要点，对学生所答内容加以评论；依据学生答案联系其他有关材料，引导学生回答有关的另一问题或追问其中某一要点，即进行延伸和追问；更正学生的回答；就学生的答案提出新见解、补充新信息；以不同词句，强调学生的观点和例证，也可以引导其他学生参与对答案的订正和扩展。

（五）丰富多彩——优化课堂提问的形式

由于问题的内容、性质和特点的不同，课堂提问可以采用不同的形式。

1.直问

对某一简单问题直接发问。它属于叙述性提问，是教师在讲述性谈话中的提问。其表现形式为"是什么？""有什么？"等。

2.曲问

为突出某一原理或者为向某一原理靠近，可以从问题另一侧面发问，寻找契机。

3.反问

针对学生对基础知识、基本技能或是某一问题的糊涂认识和错误症结发问，步步进逼，使学生幡然醒悟，达到化错为正的目的。

4.激问

在学习新知识之前，学生处于准备状态时，使用激励性的提问，激发学习情绪，促使其进行知识间的类比、转化和迁移，把学生从抑制状态调动到兴奋状态。

5.引问

对学生难以理解的问题，需要疏导或提示时，在关键处发问，循序渐进地达到理解知识和解决问题的目的。

6.追问

是对某一问题发问得到肯定或否定的回答之后，针对问题的更深层次发问,其表现形式为"为什么?""请说明理由"等,这样便于易中求深。

(六)主辅分明——优化课堂提问中的导学关系

教师的主导作用应当始终服从和服务于学生的主体作用。毫无疑问,课堂提问尤其应当体现这一精神,因为在课堂提问中教与学矛盾的两个方面关系表面化,学生参与教学过程本身最为直接。

课堂提问,课上看似随机应变,实际上功夫在"课堂"外。它要求教师既备教材、教法,又要备学生,按照教学规律,积累教学经验,不断提高教学水平。只有这样,我们才能真正实现课堂提问为学生发现疑难问题、解决疑难问题提供桥梁和阶梯,启迪学生的思维,激发他们的求知欲,促使他们参与学习,帮助他们理解和应用知识的教学目标。

第三节　分组教学　增强合作意识

小组合作学习由于能有效地改善学生学习环境,扩大参与面,提高学生自主探索的能力,促进学生良好的非智力品质的发展,因而成为当前教育界的一种主流的教学形式。

一、小组合作学习的概念

所谓合作学习,就是指学生在小组或团队中为了完成共同的目标与任务,有明确的责任分工的互助性学习。它的基本做法是:依其任务类型或学生学习水平、能力倾向、个性特征等方面的差异将学生组成若干个异质学习小组(每组 3～6 人),创设一种只有小组成功小组成员才能达到个人目标的情境,即小组成员不仅要努力争取个人目标的实现,更要帮助小组同伴实现目标。

二、实施小组合作学习的策略

(一)合理设计问题

小组合作学习是由问题引发的。小组合作学习中的问题是教师深入钻研教材后,将教学中的重、难点演绎成问题而提出的。要使小组合作学习富有成效,引起讨论的问题就要切实能够引起学生主动参与的兴趣,能够引起师生思维活动的展开。当然,问题还应是体现学生最近发展区的问题,是学生"跳一跳能够摘下的果子"。

（二）培养学生合作技能

小组合作学习一开始实施时,学生在学习的方法上不免有些生疏,合作时要么七嘴八舌、乱讲一通,要么干脆不说、坐享其成,要么人云亦云、盲目随从,对小组内的意见根本无法提出真正意义上的赞成或反对。因此,要想有效地开展小组合作学习,作为教师,应该教给学生一些基本的合作技能。比如:在小组合作分工学习时,要教给学生分工的方法,根据不同成员的能力,让他们承担不同难度的任务,保证任务的顺利完成。在小组合作讨论、交流学习时,教育学生要尊重对方,理解对方,善于倾听对方的意见;有不同意见,也要等对方说完,自己再补充或提出反对意见;碰到分歧或困难,要心平气和,学会反思,建设性的解决问题。

（三）科学组建合作学习小组

小组合作学习是一种有系统、有结构的教学组织形式。一般来讲,小组由 3~6 人组成。目前,大多数老师采取的是异质分组的办法(小组成员的学习能力、学习兴趣、个性等不尽相同,小组成员能互相搭配,努力做到优势互补),每个成员在小组中都被赋予特定的职责。

（四）注重教师自身参与

在学生进行小组学习时,为使小组学习富有成效,教师必须置身于学习小组中,适时了解学生的学习情况,进行有效的指导与调控。在这一过程中,教师要采用一种友好的、建设性的态度和行为,既不能过多地干预学生的学习过程,又不能对学习有困难的学生袖手旁观。在指导学生共同完成对新知识的总结和应用时,教师更多的应是一个指导者。教师需要倾听学生的总结发言,给予及时的反馈和建议。比如回答学生提出的问题,帮助学生总结和概括发现的结论,提供应用知识的情境。

三、小组合作学习存在的误区

(一)重视形式,缺乏实质的合作

课堂教学中,我们常常看到合作学习只是简单地把学生分成几个小组,停留在表面形式上,在具体的教学过程中忽略了很多深层次的问题。究其原因,低年级的学生自我管理能力差,还没有形成合作学习的意识和能力,教师在学习过程中没有及时提醒和指导每个组的学生进行相互讨论和交流。

(二)学生的参与度不均衡

通过观察发现,小组合作学习确实增加了学生参与的机会。但是好学生参与的机会更多,往往扮演了一种帮助者的角色,学困生成了听众,往往越过了独立思考的机会而直接从好学生中获得信息,致使困难学生在小组合作学习中的获益比在班级教学中的获益还少。有的小组分工不明确,还有的小组成员不够友好,不会倾听和分享,甚至出现了放任自流的现象。

总之,小组合作学习是新课程理念提出的一种新型的学习方式,它意在通过小组合作探讨,相互启发,实现优势互补,解决个体无法解决的疑难问题,但是这种有着优秀学习品质的小组合作学习方式的形成不是一朝一夕就能实现的,需要我们教师不断地指导和长期的熏陶,并不断学习和探讨,不断改进、反思、校正。

【案例】

田忌赛马

片段一:

(教师过渡):正当田忌为第一次赛马失败而懊恼的时候,他的好朋友孙膑同他打招呼。

孙膑是怎么说的？（指名读孙膑的话）

你从孙膑的话里发现了什么？（问题指向不明，学生有片刻冷场，最终一学生在教师启发下说出"孙膑胸有成竹"。）

田忌有何反映呢？（学生纷纷举手："没信心！""他半信半疑！""田忌很疑惑！"）

那么这一部分写了什么呢？（生：孙膑献策。）

孙膑献的什么策？同学小组讨论。（此时，前排学生扭向后面，与后排学生组成四人的合作小组。教室里面一片沸腾，轰轰烈烈的讨论声中，教师巡视、聆听并参与了两个小组的讨论。讨论持续了2分钟左右。小组内有分工，且较为默契。）

师：谁能上来在黑板上摆摆这几匹马？看看孙膑献的计谋究竟是怎样的？

生：我！我！我来摆！（未强调以小组为单位汇报）

场面十分热闹，最后教师指一名女生上台摆。并要求其他学生在下面拿出自己准备好的纸马摆一摆。片刻，台上女生摆好了。

师：你能说说孙膑这样分配马匹是什么意思吗？（女生较为流利地说出了原因）

师：同学们小组间讨论一下，为什么马是一样的，只是调换了一下出场顺序，却有了不同的结果呢？（学生和前次一样进行讨论，教师巡视。）

以小组为单位汇报。（学生汇报时，有同组学生站起来补充的现象。）

教师和学生对他们的汇报进行评价。

片段二：

师：自由读文，想一想，两次比赛有何异同？

（指名说，师：相同的是什么？什么不同了？（学生纷纷回答：没有变的是参赛马匹。改变的是马匹出场的顺序和比赛的结果。）

师：你觉得齐王、田忌、孙膑三人是怎样的人？大家小组内讨论一下。（学生同前次进行讨论。）

小组派代表汇报。

（评价该组汇报）师：你们组说得真好！其他组，你们有什么意见？

这堂语文课还是值得称道的，体现了小组合作式学习；在具体实施中，也有值得赞赏的地方，如：在组内考虑到了"组间异质"的因素，小组学生有具体的分工，协调合作，汇报和评价也体现小组集体意识；教师也能参与和指导小组合作学习。尤其是在合作学习的评价上，教师能注意到"组内成员合作、组间成员竞争"的格局，值得大家学习。

第四节　科学总结　深化教学内容

一、运用课堂教学结束艺术的作用

结束，被人们称为结束的艺术，是因为一个巧妙合理的结束方式，能使学生对全课的教学内容获得明晰的印象，或开拓学生视野，引起联想和思索，产生画龙点睛、巩固知识、启迪智慧的结果。好的结束方式正像高妙的琴师，一曲虽终却余音绕梁，不绝于耳。正如袁微子先生所说："成功的结尾教学，不仅能体现教师的技巧，而且学生会主题更明，意味犹存，情趣环生。"课堂教学结束方法设计得好，能发挥以下几方面的作用：

（一）形成知识网络，巩固所学知识。在全课结束的时候，教师通过强调重要事实、概念和规律，概括比较相关的知识，形成知识网络，使学生对所学的新知识更加清晰、明确、系统。

（二）总结教学内容，埋下教学伏笔。在全课结束时，教师可对所学知识内容进行概括总结，使学生对所学的知识有一个完整的印象。其次还可以围绕单元教学目标向学生提出有关问题，为讲授以后的新课题创设教学情境，埋下伏笔，诱发学生继续学习的积极性。

（三）总结思维过程，促进智能发展。在全课结束时，教师运用巧妙的结束方法，既能引导学生总结自己学习时思维过程和解决问题的方法，又能促进学生智能的不断发展。

（四）领悟内容主题，进行思想教育。在全课结束时，教师可通过精要的总结或揭示本质的提问，使学生领悟到所学内容主题的情感基调或知识核心，做到情与理，前因与后果的融合。并能激励学生将这些体验和知识转化为指导学生思想行为的准则，达到对学生进行个性陶冶，品德培养或唯物主义教育的目的。

（五）巩固所学知识，强化学习技能。在全课结束时，教师可通过设计一些口头或书面的练习思考题、实际操作或评价活动等，可以训练学生的行为技能，从而达到对所学知识的复习、巩固和运用。

二、课堂教学结束方法的类型

（一）总结结束法。即在课堂教学活动结束时，在引导学生理解课文的思想、内容和写作方法的基础上，教师运用准确简练的语言，提纲挈领地归纳课文的思想内容和写作特色的方法。这种方法能使学生对课文的认识更加明确，印象更加深刻，有利于促进学生对所学知识的理解，有利于培养学生的总结概括能力。如一位教师在教学拼音"o"一课的结束时这样设计：

教师：同学们，我们这节课学了"o"的哪几点知识？

生：……

教师：同学们说得好。这节课我们学会了"o"的发音。学了"o"的三点知识，一是发音的口型，发"o"音的时候嘴要半闭；二是学了"o"的声调，"o"有四声——"ō ó ǒ ò"；三是学了"o"的写法，o 写在四线格的中格，一笔写成。

（二）质疑结束法。即在课堂教学活动结束时，让学生结合课文提出自己在学习中还没有弄懂的问题,由学生讨论或教师讲解,从而解决学习中的疑难。这种方法能准确掌握反馈信息,及时查漏补缺,使教学工作不留后遗症。还能培养学生质疑问难的能力和创造思维能力。

(三)延伸结束法。即在课堂教学结束时,教师利用教学的某些契机,把课尾作为联系课内外的纽带,把课堂教学向课外延伸的方法。这种方法推动第二课堂的开展,能开拓学生的视野,丰富学生的知识,激发学生的学习兴趣,甚至于会影响到日后学生职业的选择,决定他们的终身事业。

(四)悬念结束法。即在课堂教学结束时,教师结合课文内容提出一些富有启发性的问题,但不作答复,造成悬念,让学生根据内容去展开合理的想象,推想课文中人物和事件的新发展,新结局,并将其写成一篇文章的方法。这种方法能激发学生的求知欲,能以此课之尾为彼课之头,使整个教学过程联系起来,新旧知识衔接起来。如一位教师在教学《卖火柴的小女孩》结束时这样设计:

师:今天,我们学习了《卖火柴的小女孩》,知道了卖火柴的小女孩悲惨命运的原因。那么,假如卖火柴的小女孩来到我们中间,来到我们这个社会主义国度,我们的国家将会怎样对待她?我们的同学将会怎样关心她呢?这些问题请同学们认真思考一下,明天的作文课我们来解决这些问题。

(五)复述结束法。即对教材中故事性较强的课文,在教师的教学活动结束时,要求学生对课文内容通过板书或提纲进行复述。这种方法能加深学生对课文内容的理解,也能提高学生的说话能力。

(六)鉴赏结束法。即教师在教学活动结束时,组织学生对课文或某些片断进行品味赏析,根据课文中语言的描述去再造想象的方法。这种方法能加深学生对课文的理解,使学生获得深刻的感受,获得思想情感上的陶冶和艺术鉴赏上的愉悦。如一位教师在教学《十里长街送总理》

结束时这样设计：

师：同学们，《十里长街送总理》这篇课文学完了。现在请同学们看看课文，一边想象课文所描述的场面和情景，一边带着感情把课文朗读一遍。读的时候，注意读出那种悲痛、怀念的感情。

（七）练习结束法。即在教学活动结束时，教师抓住教材中的关键性问题和主要训练任务，精心设计背诵、仿写、思考、造句等练习题，让学生当堂完成。这种方法既能巩固所学知识，促使技能的形成，又能加深对课文的理解，还能及时给教师提供教学反馈信息。

（八）迁移结束法。即课堂教学结束时，教师以教材知识为出发点，启发引导学生把学到的知识用于时间或其他方面的方法。这种方法既能使学生把知识学得扎实灵活，又能培养学生的迁移能力，从而形成创造思维能力。

三、课堂教学结束应坚持的原则

（一）目的性原则

结课是为实现课时教学目标服务的。因此，教师必须以课时既定的教学目标为依据来确定"结束"的实施方式和方法。课堂结束要紧扣教学目标、教学重点和知识结构，针对学生的知识掌握情况以及课堂教学情境等采取恰当方式，把所学新知识及时纳入学生已有的认知结构中。结课要及时精要，有利于学生回忆、检索和运用。

（二）启发性原则

充满情趣的结束能有效地激发学生的学习动机，使学生的身心得到放松，浓厚的兴趣得以保持。根据小学生好奇、好动、好胜的特点，教师每讲一节内容都要设计出新颖别致的结束形式，或者概括总结，或者提出问题，或者设置悬念，不能千篇一律而索然无味。不管怎样结束，都要给学生以启发，以激起他们努力探索的积极性，要"点而不透、含而不露、意味无穷",既巩固知识又余味无穷。

（三）一致性原则

注意首尾呼应，使结束和导入脉络贯通。结束实际上就是对导入设疑的总结性问答，或是导入思想内容的进一步延续和升华。如果导入精心设疑布阵，讲课和结束中却无下文，或结束又是悬念顿生，另搞一套，则会使学生思路紊乱，难以集中精力进行探索。只有前后一致，主线清晰，才是一节完美的课。

（四）多样性原则

结束的形式应多种多样，不同科目，不同课型需要选择不同的结束方式。例如，对揭示概念的课型一般可采用画龙点睛、概括要点的结束形式；对法则、定律推广练习一类的课型，可采用讨论、总结、归纳的结束形式；对巩固训练的范例课型，可采用点拨方法、提示要点的结束形式。对不同年级的学生，要根据他们心理、生理的特点选择不同的结束方式。低年级一般采用"启发谈话，回顾复述"的结束形式，高年级一般采用"抽象概括、整理归纳"的结束方式；同时，还可以安排一定的学生实践活动，如练习、口答和实验操作等。通过思维训练和实践活动，启发学生积极思维，培养学生抽象能力、概括能力和口头与书面表达能力。

（五）适时性原则

结束要严格控制时间，按时下课，既不可提前，也不可"拖堂"。由于计划不周或组织不当，课堂教学节奏过快，给结束留的时间过多，学生无事可干，教师随心所欲，生拉硬扯一些与本节课毫无关系的杂事来应付，既浪费宝贵的教学时间，也会冲淡或干扰本课的主题，影响学习效果。学生最反感上课拖堂延点，下课铃一响，学生的注意力就不集中了，此时继续讲课、结束都不会取得好效果。拖堂延点还会影响学生下节课的学习情绪，形成恶性循环，得不偿失。总之，不论是提前下课还是拖堂延点，都是违反课堂教学结束基本要求的不正确做法，教师应该避免这两种情况的发生。

四、课堂教学结束的一般要求

在实际的课堂教学中,要充分发挥课堂教学结束的作用,圆满地完成课堂教学的任务,结束应按以下基本要求进行:

(一)自然贴切,水到渠成

课堂教学结束是一堂课发展的必然结果,它既反映了课堂教学内容的客观要求,又是课堂教学自身科学性的必然体现。教师在教学过程中,要严格按照课前设计的教学计划,教学过程由前而后依次进行。力求做到有目的地调整课堂教学的节奏,有意识地照顾到课堂教学的结束,使课堂教学的结束做到自然妥帖,水到渠成。

(二)语言精练,紧扣中心

课堂教学结束的语言一定要少而精,紧扣本节课教学的中心,梳理知识,总结要点,形成知识网络结构,干净利落地结束全课,使之做到总结全课,首尾呼应,突出重点,深化主题,让学生的认识产生一个飞跃。有句格言说得好:"没有结束语的结尾平乏无力,可是没完没了的结尾则令人生畏。"课堂教学的结束语切忌冗长、拖泥带水,而应高度浓缩,画龙点睛,一语破的。总之,教师应该在结束前的几分钟内,以精练的语言使讲课的主题得以提炼升华,使学生对课堂所学知识有一个既清晰完整又主题鲜明的认识。

(三)内外沟通,立疑开拓

在学校教学中,课堂教学只是教学的基本形式,而不是唯一的组织形式。为了充分发挥各种教学组织形式在培养学生中的协同作用,课堂教学结束时,不能只局限于课堂本身,还要注意课内与课外的互动,学科课程与活动课程的联系,以及本学科课程与其他学科课程的沟通,以此拓宽学生的知识面。

第六讲　课堂管理是小学教育工作的重要环节

课堂管理是教师为了完成教学任务,调控人际关系,和谐教学环境,引导学生学习的一系列教学行为方式。有效的课堂管理要求教师树立正确的管理观念,熟练地掌握课堂管理的方法和技巧,形成自己的有效的课堂管理风格。

第一节　小学教师应该具备的几种有效的课堂管理方法

课堂教学是一项复杂的、具有挑战性的工作,课堂上总会有意想不到的问题发生,要使教学工作有序进行,教师必须处理各种课堂问题,实施有效的课堂管理。可以说,课堂管理是保证教学任务完成的关键因素。因此,教师必须具备有效的课堂管理方法。

一、课堂管理艺术

(一)精心组织课堂教学,提高教学有效性

精心组织课堂教学,要求教师要做到:

一是教学目标要明确化。也就是教师在讲课之前要先向学生说明该课的教学目标和要求。这能使学生集中注意力,并且能将注意力从"强迫"的水平发展到"自觉"的水平,从而提高学习效率。

二是教学内容要精选化。也就是通过精选对教学内容进行精练和浓缩。如果对教学内容进行面面俱到的讲授,那就讲不出重点和难点,而且还极易出现课堂问题行为。

三是教学手段要有效化。也就是教师要在选择教学手段上多下工夫,要采用有效的教学手段支持教学。如多选择一些既有益于教师解释知识、又有益于学生理解知识的现代化教学手段。

四是教学进程要有序化。教师对课堂程序进行管理,也就是要对课堂教学的基本进程序列和课堂教学的基本结构序列进行管理。主要是:设计出最佳的教学时序,即设计出教学活动展开的最佳的先后顺序;设计出最佳的教学结构,即设计出的教学结构层次要分明、构成要严密、内容要丰富。

五是课堂时间要科学化。对课堂时间进行管理,是教师在充分认识到课堂教学时间的价值和规律的基础上,运用科学的原则、手段和方法,正确分配各类教学活动时间,优化各类教学活动的时序,从而赢得教学时间的整体效益。教师管理教学时间,实际上也就是在管理学生的学习时间。然而,无论管理谁的时间,都要达到科学化。而要实现课堂时间管理的科学化,就要实现课堂教学时间的高利用率和课堂教学时间的高效益。

(二)改善沟通策略,实现和谐有效沟通

当代课堂管理理论认为,健康的交流方式和有效的沟通技能不但有助于增进师生间的关系和有效地实现教学目标,也是有效课堂管理的重要策略。教师的主要任务不是代替学生解决问题,而是通过良好的沟通策略,引导学生发展其自主、合作、负责任的品质,减少学生课堂不良行为的发生。在课堂管理中运用有效沟通技能,应注意以下几点:

1.要善于倾听。乌申斯基说:"如果教育者希望从一切方面去教育人,就必须从一切方面去了解人。"从这个意义上说,真正的教育是从心与心的对话开始的,而心与心的对话又是从真诚的倾听开始的。作为一位教师,要学会倾听,要听到学生的感受、见解,从而作出积极而有针对性的反应,建立师生沟通的基础,提高课堂教学效率。

2.恰当运用肢体语言。课堂管理的肢体语言理论认为,合理运用肢体语言有助于课堂秩序的建立。

(1)眼神接触。眼神接触是课堂上师生最常用和最有效的交流形式,通过训练,教师不仅要能自然地注视每一个学生,而且要能读懂每一个学生的要求和反应,传达自己对学生的评价及对整个教室情境的把握,预防学生不良行为的发生。

(2)身体接近。对课堂上违纪的学生,教师的言语批评既会中断教学活动,又可能引起学生的反感。在大多数情况下,教师只需走近他(她),或轻轻地拍一下,什么也不必说,就能使其端正行为。

(3)身体姿势和面部表情。身体姿势和面部表情是肢体语言的重要部分,在交流中传达着许多重要的信息。因此,教师在调控学生课堂行为的过程中,应尽可能利用身体姿势和面部表情辅佐说话。灵活运用这些肢体语言将有助于师生间的沟通交流,建立和谐的课堂秩序。

3.恰当反馈与赞扬。给学生提供具体、清晰、详尽的反馈是一个重要的沟通技能。这里,教师应正确把握反馈多少、对谁反馈、反馈什么等几个问题。目前,许多教师的反馈存在着不够明确、批评多鼓励少等缺点。有关研究表明,要使给学生的反馈(表扬)成为有效的鼓励因素,应该具有如下三个特点:

(1)情景性:不要随便滥用表扬,表扬必须紧跟在良好的行为之后;

(2)具体性:赞扬应针对某个特别要强化的行为;

(3)可信性:赞扬应因人而异,可信有据。

同时,在课堂管理中,教师应尽量使用"我信息",如"作为教师,我对你上课玩手机的行为感到不满意",向学生传达出教师对问题情境的感受和对学生正当行为的要求,避免"你信息",如"你太懒惰,你如果不改进,你将一无是处"这类引发学生反感的标记性言辞,与学生进行平等交流。同时,在沟通中还要注意"对事不对人"。例如,教师可以说"我喜欢你,但是我不喜欢你现在做的事情",但不能说"你真是不可救药""我讨厌你"。

(三)建立平等的师生关系,营造良好课堂教学管理氛围

当代教学要求构建的是平等、民主的管理机制。在课堂管理上,把教师和学生置于平等的地位,教师和每个学生都成了课堂的管理者和被管理者,都是课堂管理的主人,克服了传统意义上教师管学生的单向管理模式,能极大地激发学生维护课堂秩序的自觉性和积极性。"亲其师才能信其道。"平等的师生关系是民主课堂管理的人际基础。"学生是学习的主人,教师是学习的组织者、引导者与合作者。"课堂教学是教师与学生对话的平台,学生当然应尊敬老师,教师也应该尊重学生。教师尊重学生就要及时发现学生的闪光点并给予赞赏,增强其学习的信心;宽容学生的问题,给以其改进的机会。对于问题学生,尤其要发现他们的闪光点,给予他们表现自我的机会。

(四)培养学生的自律意识

优化课堂管理,必须依靠学生自身,让学生学会自我管理,使自己成为课堂上"自治"的人。其最基本的方式就是培养学生自律意识。如何培养学生自律意识?

1.促使学生进行自我认识、自我分析、自我评价,以使自我管理的自觉性不断提高;

2.促使学生进行自我体验、自我克制、自我调节,以使自己对学习的情感不断得到调控和提高;

3.促使学生进行自我监督、自我磨炼,以使自己不断战胜自己;

4.促使学生自我计划、自我检查、自我提醒,以使自己不断自立和自强;

5. 促使学生进行自我反思、自我感悟、自我激励,以达到自主维持课堂纪律,自觉解决课堂问题的目的。

(五)转变教育观念,倡导自主、合作、探究式学习

观念转变是课程改革重中之重的问题,是课程改革的重要目标和内容,是推进基础教育课程改革的重要条件,教育教学观念的根本转变不是一蹴而就的,是一条布满艰辛和汗水的道路,是一项长期的任重道远的艰巨任务。新世纪课程改革以促进学生的发展为基本理念,力求使学生在责任感、自主学习与生活能力、创新意识与创造能力等方面有卓越的表现,努力追求创造相对宽松的发展环境。

(六)发扬民主,与学生一起制定课堂管理规则

课堂规则是确保课堂秩序的基础,是有效教学的重要条件。因而,课堂规则也是课堂管理中的重要内容。建立课堂管理规则有助于维持课堂秩序,培养学生的自制能力、民主意识、良好的道德品质等。课堂管理规则的建立直接关系到课堂管理效果,在建立过程中教师应注意以下原则:

1. 发扬民主,师生共同协商制定。师生在发扬民主的基础上共同来制定课堂规则,而不是凭教师一人好恶独断的设立。教师从一开始就要根据课堂管理目标提出对学生行为的期望,让学生清楚明了课堂中哪些行为是合理的和可接受的,哪些行为是不合理的和不可接受的。针对这样一些期望让学生提出自己的想法。也就是说,学生不应该只是被管理者,更应该成为自我管理者。正如苏霍姆林斯基所说的,"只有能够激发学生进行自我教育的教育,才是真正的教育。"

2. 以学生为本,促进学生发展。制定课堂规则时不以教室的安静为前提,要立足于是否有利于课堂教学活动的有效开展,是否有利于调动学生参与课堂的积极性,是否有利于学生的发展。

3. 简明扼要,明确具体。课堂管理规则一定要简短、明确,使学生能迅速地记住,对学生起到约束和指导作用。如"不说脏话""不迟到、不早

退""不乱丢纸屑杂物"等。

4.及时制定,不断调整。教师应在学期开始的时候,制定课堂管理规则。在实施过程中要不断进行检查,并根据各方面的具体情况加以补充、修改和调整。

(七)家长参与课堂管理

家长参与课堂管理,使课堂管理变得容易。让家长参与课堂管理的方式是多样的,家长与教师的交流可以帮助家长参与课堂管理。在课堂管理中,如果教师在学生行为、学生思想等方面需要获取进一步的信息或帮助时,教师应首先与家长进行沟通与交流。教师通过与家长的沟通交流,从家长那里得到相应解决问题的信息。

总之,好的课堂管理是取得高效教学的保证和关键。为了祖国的明天,教师要善于钻研,善于思考,掌握课堂管理艺术,构建有效课堂,提高教学效率,让学生爱学习,会学习,为学生的终身发展奠定基础;教师要努力提高自身素质,提高业务水平,更好地适应 21 世纪国际教育形势发展的需要,做一名合格的管理者、教育者,为教育事业奉献力量。

第二节　加强小学生课堂纪律管理

课堂纪律管理是课堂管理的一项重要内容。在课堂教学中,难免出现各种课堂问题行为干扰教学活动的正常进行。因此,加强课堂纪律管理,对于维持良好的教学环境,保证课堂教学活动的顺利进行具有重要意义。

一、课堂纪律管理的基本功能

课堂纪律管理的目的绝不是对人的支配、控制,它是培养"自觉纪律"的一种对人的尊严、自主和责任心的肯定,旨在促进使人获得更大的自由和彻底的解放而进行的自律,它的目的恰好在于充分张扬人性,建构主体素质。

课堂纪律管理的功能体现在五个方面：

一是保证课堂教学活动的进行。教师只有抓住课堂纪律，才能顺利实施课堂教学。可以说，良好的课堂纪律是教师实施课堂教学的保证。

二是促进学生个性社会化。在班级这个大环境中，每个学生的个性都会得到老师和同学的评价和认可，学生的个性会因为老师和同学的评价而发生改变，从而使学生的个性社会化。

三是培养学生良好的个性品质。在与人交往的过程中，学生会逐步明确自己个性品质中优秀的一面，扬长避短，改正不良的行为习惯，从而形成良好的个性品质。

四是有助于形成道德责任感。在课堂学习中，在老师和同学们的督促和帮助中，学生会明白自己作为班级的一员，有自觉遵守纪律的义务，有自觉维护纪律的意识，从而培养学生道德责任感的形成。

五是稳定情绪，降低过度焦虑。良好的课堂纪律会让学生感到安全，有自信心。有效的课堂纪律能帮助学生在焦虑过度而威胁纪律之前降低焦虑的强度。如果老师放任自流，班级课堂纪律混乱，学生就会感到不安全，会对老师失去信心，从而导致学生对学习失去信心，影响学习成绩。那样，后果将不堪设想。

二、课堂纪律成因

依据课堂学习纪律形成的原因，可以将其分为教师促成的纪律、集体促成的纪律、任务促成的纪律和自我促成的纪律。

1.教师促成的纪律

所谓教师促成的纪律，主要指在教师的帮助指导下形成的班级行为规范。这类纪律在不同年龄阶段所发挥的作用是有所不同的。年龄越小，学生对教师的依赖越强，教师促成的纪律所发挥的作用也越大。随着年龄的增长和自我意识的增强,学生一方面会反对教师的过多限制,另一方面又需要教师对他们的行为提供一定指导和帮助。因此,这类纪律虽然在不同年龄阶段发挥作用的程度不同,但它始终是课堂纪律中的一个重要类型。

2.集体促成纪律

所谓集体促成的纪律,主要指在集体舆论和集体压力的作用下形成的群体行为规范。同伴人集体在学生社会化方面起着越来越大的作用,他们开始对同学察言观色,以便决定应该如何思考、如何做。由于同伴集体的行为准则为青少年学生提供了价值判断和日常行为的新的参照点,结束了青少年学生在思想、情感和行为方面的不确定性、无决断力、内疚感和焦虑,所以他们往往过高地估计同伴集体行为准则的价值,并积极地认同和服从它。

3.任务促成的纪律

所谓任务促成的纪律,主要指某一具体任务对学生行为提出的具体要求。任务促成纪律是以个人对任务的充分理解为前提的。学生对任务理解的越深刻,就越能自觉地遵守纪律,即使遭受挫折也不轻易放弃。所以,学生完成任务的过程,就是接受纪律约束的过程。教师如能很好地用学习任务来引导学生,加深学生对任务的理解,不仅可以有效减少课堂纪律问题,还可以大大提高学习效率。

4.自我促成的纪律

自我促成的纪律实际上是学生自律的形成过程。是学生认识到学习对于自己和社会的意义时,将课堂纪律内化为自我意识之中,成为约束自我的行动准则。这种内化与学生意识之中的纪律与客观的纪律可能会存在一定的不同,从而产生新的纪律。

三、课堂纪律管理的基本原则

1.以学生为本的原则。以学生为本的纪律管理集中体现在"自觉纪律"上,这种"自觉"在学生身上表现为对纪律的正确认识,对纪律的自觉执行,积极维护纪律的态度,以及排除内外困难遵守纪律的意志行为和习惯。

2.预防在先的原则。在教学中,等到出现问题再去补救,往往比事先预防要难得多,因此要坚持预防在先的原则。作为老师,应该事先告诉学生哪些行为是对的,哪些行为是不好的,使学生对自己在课堂上的表现有明确的行为前提。

3.因人而异的原则。课堂纪律管理常常是针对学生的某些问题行为做出的调控措施。但学生出现问题的原因是相当复杂的,教师必须有分析地、因人而异地选择适当的方法,不同性格的学生不同对待。

4.发展性原则。现代心理学告诉我们,学生是发展中的人,其心理、知识、能力、自律等都处于发展之中,处于不成熟、不完善的状态。不论每个学生目前的状况如何,都存在着发展的潜能。因此,要用发展的眼光对待每一位学生,尤其是曾有课堂不良行为的学生,充分相信他们经过教育培养都能成人成才;"你能行""老师相信你""你真棒"应成为新课堂教师的常用语,使课堂成为发展学生潜能的良好场所。

四、课堂纪律管理的几点做法

1.坚持执行课堂规则。有效的课堂纪律管理,实际上是在建立有序的课堂规则的过程中实现的。实践表明,教师适时将一些一般性要求固定下来,形成学生的课堂行为规范并严格监督执行,不仅可以提高课堂纪律管理效率,避免秩序混乱,而且一旦学生适应这些规则后会形成心理上的稳定感,增强对课堂教学的认同感。

2.教师主动介入。课堂纪律管理,教师责无旁贷,作为教师,应该不回避、不推诿,积极地介入,机智地干预,用引导、说服、调节的方法对学生进行正面教育。一是预防,在问题还没有发生之前,教师有针对性地提示、指导和鼓励,增强学生的自我控制能力。二是提醒,课堂上会出现我们意想不到的情况。遇到有学生故意捣乱时,我认为应当友好地提醒孩子现在是在上课,告诉他应该干什么。三是暗示,即教师发现学生不专心听课、不遵守纪律时,最好不要停下来公开批评学生,可以用委婉的暗示方法,既维护了学生的自尊心,又使学生感受到教师对学生的关心和爱护,还不会分散其他同学的注意力,影响教师的正常教学。

3.发挥榜样的作用。教师要求学生做到的,教师自己应当严于律己、以身作则,成为遵守课堂纪律的模范,用自己的行为影响学生。教师也要善于运用表扬鼓励等方法给各类学生树立"身边的榜样",使得他们找到合适的参照。尊重学生的人格和自尊心,将严格要求学生遵守纪律与尊重学生人格相结合。学生是课堂的主要活动主体,教师只有真正尊重学生,给学生自主活动的空间,学生才能更好地配合教师的教育教学工作,使教师的工作事半功倍。

【案例】

今年秋天,小王刚接手一个新的班级,就碰到一个在学校出了"名"的学生。他叫刘伟,个子高,体胖,在班里"威信"很高,连班主任老师的话都不如他的话有"威力"。刚开始,小王就装作不了解情况的样子,让他担任班长,负责班里的大事小情,经常与他沟通交流。小王的尊重让他消除了与老师的对立情绪,而且,他还能主动地管理其他学生,在课堂上积极表现。这样,课堂纪律的管理也容易多了。

第三节 正确处理课堂问题行为

课堂问题行为是指在课堂中发生的违反课堂规则、妨碍及干扰课堂活动的正常进行或影响教学效率的行为。课堂问题行为是教师经常遇到而又非常敏感的问题,处理不好就会损害师生关系和破坏课堂气氛,影响教学效率。

一、课堂问题行为产生的主要原因

课堂问题行为不单是学生自身的问题行为,而是各种问题的综合反映。综合起来,课堂问题行为的产生有以下三方面的原因:

(一)教师的因素

课堂问题行为的产生与教师有直接或间接的关系,教师的教育失策会导致学生产生问题行为。教师的教育失策主要表现为错误的观念指导、管理失范和教学水平低下。

(1)教师错误的观念(教学观、学生观、师生观)会导致错误的行为,从而引发学生的问题行为。

(2)教师在课堂上的管理失范表现为两种极端行为:一是放弃管教的责任。二是教师对学生的问题行为做出过度敏感的反应。此外,教师自身的职业技能水平低下,容易导致教师在学生心目中威信的降低,进而引起课堂问题行为。

(二)学生的身心因素

课堂中的问题行为大量是由学生的身心因素引起的,如性别差异、生理障碍、心理缺陷。相对女孩来说,男孩好动,自我控制能力差,注意力不集中,容易产生外向性问题行为;女孩的外向性问题行为则相对少一些。学生生理上的障碍容易使学生产生问题行为,如学生视、听、说方面的障碍,学生发育期的紧张、疲劳、营养不良等。心理缺失也是构成学生问题行为的重要原因,它主要反映在焦虑、挫折和性格等方面。如,焦虑会使学生灰心丧气、顾虑重重;挫折会引起学生的情绪波动。学生个性方面的问题也会导致问题行为,过于内向的学生会产生退缩性行为,过于外向的学生会产生攻击性行为。

(三)环境的因素

环境影响包括家庭、大众媒体、课堂内部环境等方面的影响。第一,家庭因素。单亲家庭的孩子可能自制力差,易冲动,容易产生对抗性逆反行为。父母不和、经常打闹的家庭的孩子,在课堂上会表现出孤僻退缩、烦躁不安。有的家长对孩子过于溺爱,容易造成孩子以自我为中心、放荡不羁,促使孩子产生问题行为。第二,大众媒体。现在正处于信息时代,有的大众媒体对学生产生了消极的影响。一些暴力、色情等低级庸俗的内容激发学生去效仿,这些行为能延伸到课堂上。第三,课堂内部环境。诸如课堂内的温度、色彩、课堂气氛、课堂座位的编排方式等都会对学生的课堂行为产生十分明显的影响。

二、课堂问题行为的管理艺术

(一)运用先行控制策略,事先预防问题行为

学生的问题行为,有些是出于无知,有些是出于故意,有的则是由于初始时的不慎。因此,最好的管理就是采取先行控制,在问题行为产生之前,实施预防性管理,避免或减少问题行为产生的可能性。它主要包括明确的行为标准、建设性的课堂环境、良好的教学策划、和谐的师生关系等方面。

1.确立学生的行为标准。明确学生常规的行为标准,是一种有效的先行控制方法,因为这样可以事先确立起对学生在课堂中的期望行为,让每一个学生都明了什么行为是好的、什么行为是不好的、哪些行为是可以被接受的、哪些行为是不能被接受的。

2.促成学生的成功经验,降低挫折水平。学生的成功经验通常会激发他们的愉悦情绪,降低挫折水平,从而避免或减轻问题行为。因此,教师要确保学生在课堂活动中适当的成功率,尤其是将课堂活动规划在既不太容易也不太难的适度范围。

3.保持建设性的课堂环境。良好的课堂环境不仅可以减少产生问题行为的可能性,而且可以消解许多潜在的问题行为。保持建设性的课

堂环境:第一,要保持课堂的整洁、秩序和优雅,增强课堂成员的秩序感、责任感;第二,要科学合理地安排调整学生的座次;第三,要把握课堂的情绪环境。

(二)运用行为控制策略,及时终止问题行为

行为控制策略包括强化良好行为和终止已有问题行为两个方面。

1.在鼓励和强化良好行为,以良好行为控制问题行为方面,教师通常采用社会强化、活动强化和榜样强化等方式。社会强化,也就是利用面部表情、身体动作、语言文字等来鼓励所期望的行为。活动强化,也就是让学生参与其最喜爱的活动,或提供较好的机会和条件,例如允许参加俱乐部活动、提供设备的优先选择权和使用权、提供课堂活动或体育运动中的领导角色等。

2.选择有效方法,及时终止问题行为。通常采用的影响方法包括:信号暗示,使用幽默,创设情境,有意忽视,提问学生,转移注意,正面批评,劝离课堂,利用惩罚。

(三)运用行为矫正策略,有效转变问题行为

1.掌握课堂行为矫正的内容。课堂问题行为矫正通常包括三个方面的内容:第一,正确认识问题行为。第二,着手改正课堂问题行为。第三,改正学生的问题行为只是行为矫正的一部分。理想的矫正不但要改正学生的问题行为,而且要塑造和发展学生新的、良好的行为模式。

2.遵守课堂问题行为矫正的原则:第一,奖励多于惩罚的原则。第二,坚持综合考虑多种因素,协调有关人员保持矫正的一致性,避免互相抵消矫正效果。第三,与心理辅导相结合的原则。

3.应用问题行为矫正的有效步骤。包括觉察问题行为——深入诊断问题行为——确立矫正措施和方法——改正问题行为——评定改正效果——塑造、发展良好的行为。

【案例】

学生小刘，他从一年级上学开始就跟别人不一样，上课的时候喜欢大声说话，或者自言自语，严重影响周围同学的听课效果。如果安静下来又开始睡觉，无论老师和同学怎么叫都不理会。对任课老师不尊重，有一次，还对着老师叫："你是猪，你是狗!"经过班主任老师的教育后却改成："我是猪，我是狗!"

课堂上他最喜欢做的事是画画。无论上什么课，他都会在书上画画，没有一本书是整洁的。别人在做课堂作业时，他也在画画。老师叫同桌提醒他上课该做什么时，根本不听。老师走到他身边，要求他认真听讲或做作业时，他不但不听，还对老师龇牙咧嘴地做鬼脸，或者是向老师挥舞着拳头，甚至有时还跟老师大吵大闹。在他高兴的时候，也会举手回答问题，答案有时候也是正确的。得到同学和老师的鼓励常常乐得手舞足蹈，可是一转眼就会故态萌发。

他对学习兴趣不大，作业速度慢，在学校不做，回家也是在家长的陪同下才慢慢地去做，别人半个小时能完成的作业他却要做一个小时。作业也不能做到按时上交。期末考试别的老师监考时，他干脆就趴在桌子上睡觉，一道题都不做，老师提醒了才做几道。

应对策略：

1. 耐心疏导：教育的奇迹来自于平时的引导中，课上课下，班主任尽量找机会给他表现，让他体验成功的感觉。作业认真表扬、积极回答问题表扬、考试成绩进步表扬等等，以这些闪光点为契机，耐心正确引导。有时候他会犯一些小毛病，如上课画画、自言自语等，每当这个时候，教师不是指责、唉声叹气，而是积极地去跟他交流，了解其中原因，再下结论。事情过后，让他冷静思考，把当时事情全过程再回忆一遍，自己找到出错的原由，强化他正确分析问题的能力。

2. 允许反复：学生的不良行为，在矫正过程中会多次出现反复。因为受原有道德习惯和学习习惯的影响,主体会做出自动的反应。虽然他已经有所改善,但还不能保证知与行的一致。同时,客观的各种不良刺激,也会对其行为的矫正产生消极的影响。错误反复出现。教育过程具有长期性。所以急于求成,或者遇到问题就灰心是不可取的。

3.家教配合:刘某父母都是有文化的家长,而且有不错的工作单位。作为家长,对孩子的期望值是很高的,希望自己的孩子是最优秀的,但对于这个孩子来说,家长的担心就比别人多,母亲对孩子比较严格,父亲却又十分的溺爱。母亲或者打骂孩子,或者打电话向老师诉苦。这就造成父母的教育观念和教育方法有分歧。所以作为老师,首先就是要矫正他父母亲对孩子教育方式的不统一。让他们明白,管教孩子必须控制情绪,矫正孩子的心理障碍是需要一个过程,着急是没有用的。家长应该耐心疏导,帮助孩子逐渐克服缺点。孩子有问题后,推卸责任、埋怨、责备都只能事与愿违。

效果反馈:

通过长期教育,刘某感受到老师对自己的关心、爱护、支持与鼓励。自尊的需要得到满足,求知的需要随之产生。表现在他上课开始听讲,参与课堂问题讨论,作业积极完成。班主任不断积极鼓励,使其成功感得到强化,学习兴趣和自信心逐步提高,对他的教育初见成效。上学期期中考试,他的学习成绩也由原来的二十几分提高到六十几分,有了极大进步。

第七讲　为人师表
应该注意的重要事项

叶圣陶先生说:"教师的全部工作就是为人师表。""为人师表"是教师最崇高的荣誉,也是教师的神圣天职。作为一位人民教师,担负着全面提高国民素质、提高全体人民,特别是青少年一代文明程度的直接责任。只有最大限度地提高教师为人师表的水平,才能胜任人民教师的历史使命,无愧于人民教师的光荣称号。

第一节　小学教师应严格规范教学语言

语言是教师进行教学的重要的工具,它是教师向学生传授文化知识、启迪学生心灵、开发学生智力、陶冶学生情操、进行思想教育的重要手段。教师的语言表达方式和质量直接影响着学生对知识的接受,教师语言的情感引发着学生的情感,所以我们说教师的语言艺术是课堂教学艺术的核心。教师的语言是一种技术更是一种艺术,教师的语言是一种知识更是一种思想。为人师表的教师更应重视我们的语言艺术,巧妙利用教师的语言艺术,使我们的教育教学水平更上一个台阶。

一、课堂教学的语言艺术

（一）教师的语言要规范、准确

教师的语言表达是教学艺术最重要的组成部分,它是影响老师在学生心目中的形象的首要因素,甚至,它直接影响着课堂的效果。2001 年颁布实施的《中华人民共和国通用语言文字法》中明确要求学校教学要使用普通话,教师队伍应是推广应用普通话的主力军。讲普通话要吐字清晰,发言准确,用词恰当,没有语病,准确、简明是对教学语言的基本要求。这一方面是因为教师发音准确这样学生才能听得明白,才不至于误解老师的意思。另一方面是因为学生的语言模仿能力是相当强的。只有发音准确的老师才能教出字正腔圆的学生。语言的准确性还表现在教师的课堂语言必须做到表情达意准确无误。而要做到这一点,就要切忌如下几点:一忌说话含糊其辞,要表意明确;二忌说话拖拖拉拉,要干脆利索;三忌各种"口头禅",如"然后""那么""啊"等,才不至于分散学生的注意力,损坏老师在学生心目中的形象。

(二)教师的语言要生动而幽默

教师的教学语言是教师能力素质中重要的内容和组成部分,是教师向学生传授知识,进行一系列教育活动的先决条件和必要条件。教师语言的优劣,直接影响着学生对知识的吸收及对学习活动的兴趣和积极性,也关系到教师教育教学的效果。优秀教师语言的特点不仅简洁有力,明确无误,委婉动情,还要充满幽默和风趣。教师的幽默在教师和学生沟通中的作用是不可低估的,合理的运用幽默能使沉闷的课堂气氛变得活跃起来,使枯燥的说教变得生动有趣,并能融洽师生感情,激发学生的学习兴趣。

(三)教师的语言要有激励性

小学生的年龄特点决定了他们的学习需要教师的激励。教学中常常发现,当学生答不出问题时,不少教师不是搭桥引导,而是另请高明;或者"恨铁不成钢",语言中带有批评,语调上带有责备,情绪中带有烦躁等。这使学生遭受失败的体验,从而情绪低落,课堂教学气氛沉闷,学生不能很好地参与课堂教学过程中。心理学家赞可夫说:"教学法一旦触及到学生的情绪和意志领域,触及到学生的精神需要,这种教学法就能发挥高度有效的作用"。学生在愉快的心情下学习,注意力集中,思维活跃,接受信息快。课堂中我们常常发现:当学生尤其是差生答对问题受到表扬时,他会激动不已,整堂课都会昂着头,目不转睛地盯着老师,积极地参与到教学活动中来。因此，当学生回答问题时，教师要用信任的目光对待学生；当学生回答不出来时，教师要耐心地引导，尽可能引导学生找出答案，以使学生获得成功的体验；当学生答对时，教师要多用"很好、有进步"等激励语适时表扬，从而激发学生的求知欲，使学生在轻松愉快中获得知识，增长才干，取得进步，不断提高教师的教学效果。

二、如何规范、提高教师教学语言

(一)加强科学文化知识修养，不断提高自身素质

在21世纪的今天，国家大力倡导素质教育和创新教育，为了适应新世纪教育改革的需要，教师应当具备较为系统的科学文化知识。在新世纪和知识经济时代，教师只有具备广博的科学文化知识，才能把更多的科学文化知识和大量的信息传授给学生，才能把所教学科与其他学科有机地结合起来。当然，教师不仅要具备广博的科学文化知识，而且要具备深厚精湛的学科专业知识，要在专业上不断提高自己，充实自己，使自己的知识结构不断更新并能够随时适应社会发展对教学的需要，使自身的素质不断提高。

(二)加强语言修养，不断提高自身的教学语言表达能力和表达水平

教师的语言修养直接影响到他对词句的选择、语段的构成、语境的适应以及表述时的语音、语调、语气、语速等，直接关系到教师教学语言的表达能力、表达水平和表达效果，决定着教学语言的质量。著名教育家叶圣陶曾一再强调：凡是当教师的人绝无例外地要学好语言，才能做好教育和教学工作。教师必须加强语言修养，不断提高自身的教学语言表达能力和表达水平。

(三)加强语言技能训练，不断提高自身的教学语言表达技巧

使用语言是一种技能。教学语言技巧是教师在课堂教学中，为了使学生理解和掌握教学内容而使用的语言表达手段。教师的教学语言技能训练包括语音、吐词、音量、语速、语调、节奏、词汇和语法训练等。任

何技能都必须具备两个特点：一是正确，二是熟练。要做到这两点，必须根据教师职业口语的要求，加强实践训练。教师教学语言的学习是一项长期的任务，每个教师在教学实践中都要不断进行自我训练。成功教师的教学语言表达往往是通过反复的自我实践训练获得的。加强实践训练，是提高教师教学语言能力和表达技巧的有效途径。

第二节　小学教师应重视体态语言

　　课堂教学中，除了有声音的语言外，还有一种无声的语言，即用身体各部位表达的语言，也叫体态语言。所谓体态语言，就是用手势、姿态和表情等来表达某种意思的一种无声语言。体态语言是人在交往过程中用来传递信息、表达感情、表示态度的非语言行为，有其特有的表达作用。心理学家通过实验得出这样的结论：信息的效果＝7％的文字＋38％的音调＋55％的面部表情及动作。如果一个教师有着丰富的体态语言，并能对其运用自如，那么他的课堂教学也就会逐步走向艺术的殿堂。

一、教师体态语言的特性

　　1. 具有有意性。主要体现在课前精心准备。大多数教师在备课时都能结合课程内容确定自己的体态语言基调，并对一些重要的体态预先进行设计或练习，这种准备保证了课堂教学中口授与体态的最佳结合，而且还可以随时加以调控。

　　2. 具有选择性。首先要淘汰消极和无意义体态语，选择积极体态语。是为自己塑造的形象要端庄文雅、可亲可敬。其次要从积极体态语言中择取适宜者为我所用。年长者宜确立持重、博识、慈爱的体态语基调；年轻老师应使自己的形象充满活力、富有朝气。

　　3. 具有科学性。体育、舞蹈等技巧性或艺术性科目，口头语言有时仅起提示、说明作用，而主要靠教师运用体态语言进行示范。

二、教师体态语言艺术

教师的体态语言一定要和自己的内心思想活动保持一致，也就是表里如一，做到亲切自然、庄重大方，举手投足之间体现出师长的风度，用自己高尚的形象去塑造学生的人格。

1. 面部表情

一般而言，课堂中的面部表情可分为两类：常规面部表情和变化面部表情。常规面部表情是对教师课堂教学面部表情的基本要求：和蔼、亲切、热情、开朗，随时对学生的动态传递出肯定、鼓励、信任、赞许、惋惜的表情，使学生感到对他们的关注。在必要时使用变化面部表情，戴上"面具"掩盖自己的情感，因为教师的一举一动都在学生的可视范围之中，所以要注意自己的行为，以免对学生产生负面影响。如果教师在生活中碰上什么不顺心的事，切不可把自己的不良情绪挂在脸上，带进课堂，这时候教师就应该选择一个适合自己的"面具"戴上，以使自己的体态语言和自己的角色相协调。

2. 眼神的运用艺术

"眼睛是心灵的窗户"。眼睛是面部中最富有表现力的器官，眼神是表达思想感情的无声语言。教学中，教师应该与每一个学生都有目光的接触，这样会增加学生对教师的信任感，认为老师在高度关注他。当学生回答对了一个问题时，一个赞许的眼神会给学生莫大的鼓励，会进一步调动学习的积极性。当学生遇到疑惑时，要用注视的眼神来认真倾听他的发言，并及时传递一个鼓励的眼神，让他自信从容，从而增加探究的勇气。

3. 手势的运用艺术

手势语言是有声语言的必要补充和强化。人的手势种类繁多、含义丰富。灵活多变的手势是体态语言当之无愧的主角。因此，手势语言利用得好坏，往往在很大程度上决定了体态语言运用是否成功。

手势又分为奉送手势、抗拒手势、分离手势、摇摆手势等。在课堂教学中,教师要根据实际情况,有选择地运用好各种教学手势。比如当学生回答问题正确时,可以伸出大拇指,表示赞扬;当学生回答不正确时,微笑着拍拍肩膀,表示加油;讲到教学内容的关键处,教师可用简明有力的手势突出教学内容重点,强化学生对重点内容的识记。但要注意,不能过多过滥,否则就会显得不稳重,使人感到滑稽可笑。

　　4.距离的运用艺术

　　在课堂教学中,教师可以通过掌握与学生的不同距离达到某些目的,能够在学生身上产生更大的"情感效应"。一般来说,教师在教学中位置和与学生的距离远近表明着与学生情感关系的疏密。所以教师要经常接近学生,尤其是在课余时间,要经常置身于学生中间。这样师生间就会感到亲密无间,拉近师生距离,建立良好的师生关系。

　　5.举止的运用艺术

　　课堂教学中的举止主要是指课堂教学中教师身体位置的移动和身体面部动作,包括坐、立、走、动及身体各部分之间的关系。美的举止,能给学生以美感、集中学生的注意力,调动学生的主动性,帮助学生更好地理解和掌握知识,反之,则妨碍学生的思考和知识的掌握。

　　三、在使用体态语言时要注意以下几个方面:

　　(一)手势语言运用要到位

　　手势语言是有声语言的必要补充和强化。人的手势种类繁多、含义丰富。灵活多变的手势是体态语言当之无愧的主角。因此,手势语言利用得好坏,往往在很大程度上决定了体态语言运用是否成功。

　　(二)身势语言要恰当

　　身势语主要指头部、肢体以及各个部位体态语的运用。

　　1.使用身势语配合对学生进行评价

　　教师可合理使用头部的体态语配合对学生的评价。头部的体态语运用主要"点头""摇头"等。"点头"在课堂教学中运用较多,老师在对学生问题表示满意时会使用"点头",课堂教学应尽量少用"摇头",在学生回答错误时,应用微笑和适当的语言加以启发,引导学生的思维。

2.形成良好的教态

良好的教态是教师内在的素质、高尚人格在课堂教学中的外部表现。教师应注重衣冠整洁、大方。在一笑一颦、一举一动中显现出为人师表的稳重与高雅,避免使用不良身势语,如背手、双臂交叉至胸前,双手撑在讲桌上的动作。这些动作是教师的习惯性动作或不经意动作,这些动作的使用,一方面影响教师形象,妨碍师生间的交流,另一方面不利于教师使用体态语言配合教学。如背手,常常显示出教师的威严,会给学生心理造成一定压力,不利于学生与教师接近。一些不经意的动作,如教师用手玩弄粉笔或黑板擦,表现出教师的不稳重或无精打采,若弄出响声,更会破坏课堂气氛。总之,教师在教学中应站姿稳重而有力,形态端庄和谐,这样自然会增加教师讲课的吸引力,取得良好的课堂效果。

四、要注重体态语的综合运用

教学过程中,教师应注重各种体态语的综合运用。教师对体态语的综合运用应从掌握局部动作开始,逐渐到整体综合运用,并做到不同情境下使用不同的体态语。手势语、身势语和面部表情的和谐统一的运用,既能生动、形象地表现主题,让学生在课堂中受到美的熏陶,启发思维。如在讲《董存瑞舍身炸暗堡》一节时,教师应昂首挺胸,气宇轩昂,并将自己对董存瑞勇敢献身于国家的精神的敬慕之情融入面势语中,并用形象的身势语表现出董存瑞炸暗堡时的刚毅;在《卖火柴的小女孩》中应融入悲伤、催人泪下的情感,眼神应自然流露出怜悯之情。

总之,教师的体态语的正确运用,要做到清晰而不乱,适度而不过,高雅而不矫,自然而不拙,这不是短时间能领悟并掌握的,需要教师在不断提高自身素质和修养的基础上不断总结、用心感悟、反复实践后方能习得。

第三节　小学教师应遵守的行为规范准则

教师的行为规范,是指教师在从事教育工作中必须遵循的教育指导原则和进行教育活动的基本准则。由于教师的行为规范与教书育人,培养下一代社会主义的建设者和接班人的职业特点紧密相关,因此,对教师的行为规范必须要作出统一的要求,以使教师的行为符合社会发展的需要。

一、教师行为规范的主要内容

教师的行为是多方面的,教师的行为规范涉及到教师活动的诸多内容。根据《教师法》对教师总的行为要求,结合我们民族的优良传统,教师的行为规范可分为以下几个方面。

1.教师的思想政治行为规范。教师作为教育工作的执行者,在自己的思想政治行为方面就必然要受我国《宪法》和《教师法》的约束。教师的思想政治行为规范中的核心内容就是要"忠诚党的教育事业",所谓"忠诚"就是为教育事业献身的自我牺牲精神,树立正确的人生观和价值观,在任何艰难困苦的条件下,都能公而忘私,认真完成自己的本职工作。

2.教师的教学行为规范。《教师法》规定了教师具有"进行教育教学活动,开展教育教学改革和实验"的权利,这说明教师在教学中有充分的自由和自主权。但如何端正教学态度,如何激发学生的求知欲望,如何严格要求学生又尊重学生,如何组织好教学过程,以及如何钻研业务,认真备课,达到最佳教学效果等是必须认真对待和不断探索的问题。不同的教学行为会收到不同的效果。教师的教学行为规范的核心内容主要有两条:一是"学而不厌,诲人不倦"。只有"学而不厌"才能使自己具有传授知识的基础,只有"诲人不倦"才能爱护学生,教学中循循善诱地把知识传授给学生;二是"言传身教,为人师表"。教师既要传授知识,又要成为学生和社会上一切人的表率。

3.教师的人际行为规范。教师的人际行为规范,关键是要教师之间团结协作,共同进步;教师与学生之间教师要热爱学生,尊重学生,关怀学生;教师与领导之间要做到相互理解,相互支持。

二、教师行为规范对学生的影响

(一)影响学生心理健康

教师的言行仪表通过学生的眼、耳、鼻等感官反映到学生的头脑中,也就必然会影响到学生的心理。如果一个教师仪表端庄、举止大方、情绪饱满、精力充沛,那么学生的情绪定会受到感染和鼓舞,随之也会精神振奋、情趣盎然,形成大脑皮层的优势兴奋中心,从而导致形成学生的赞同心理,这就为教师的顺利教学和学生自主学习创设了良好的情境和氛围。反之,如果教师浓妆艳抹、戴金挂银、奇装异服,势必分散学生的注意力,引发学生品头论足,在头脑中形成一个"偏差兴奋灶"。这不但易引发学生的逆反心理,更不利于学生正确审美观的形成。正是在这点上,体现了"教育无小事,事事皆教育"的精神,也正是在这点上,体现了教师职业的特殊之处,甚至对教师的穿戴提出严格的要求,促使其克服某些个人偏好。

(二)影响学生的发展之路

教师的精神品质、学识学风等都是巨大的有活力的教育资源,自然应纳入行为规范之中,更是无时无刻影响着学生思维和能力的发展。一个师德高尚、学识丰富、灵活施教、以生为友的教师是学生心目中的楷模,也是可信赖的朋友,甚至是学生崇拜的偶像。这些对他们的兴趣、爱好、理想、追求,乃至道路的走向、人生的选择都会产生深远的影响。作为榜样和楷模的教师,永远是学生的精神支柱。"教书育人,为人师表"也许听起来是枯燥的,实际上它的影响是深远而永恒的,所以贯彻行为规范要求教师从每个小细节做起。

（三）影响学生的世界观

小学生的世界观处于逐渐形成或基本形成但还不稳定的动态变化之中。出于好奇心和求知欲，他们从外界获取了的大量的感性认识，而其中对教师的认识具有重要意义。教师的仪态风姿、举手投足、言谈话语等无不促成着学生头脑中信息的积累，并逐步推进着量变到质变的过程。加里宁说："要知道，教育者影响受教育者的不仅是所教的某些知识，而且还有他的行为、生活方式及对日常现象的态度。"而教师的这些方面，正是构成教师行为规范的基本要素，正是这些要素在学生头脑中积累多了，便形成了理性认识，这也就意味着学生世界观的逐渐形成或基本形成。

三、加强自身行为规范的意义

（一）提高教育质量的需要。教师的职业劳动过程，主要就是师生之间的各种交往的过程。在这种交往中，师生的行为习惯是相互影响的，而教师始终应当处于主导的地位。在教育过程中，教师以自己的思想、情感、信仰、习惯、知识和信念通过各种行为影响着学生。"工欲善其事，必先利其器"，要想提高教育效果，先得提高教师的本身素质，使教师的行为符合一定的规范，这是十分自然的道理。

（二）社会主义精神文明建设的需要。教师的行为直接影响着学生，而学生不仅是社会的一个组成成分，而且是未来社会的主体。教师不仅与学生有交往，而且又与处在全社会各个不同岗位、不同阶层的家长们保持着联系，教师所承担的社会职责，都使他应当成为社会道德的楷模和社会精神文明的先导。所以教师的行为规范与精神文明建设关系十分密切。

（三）教师自我修养的需要。一个人的行为习惯不仅是他道德修养的外在表现，也是衡量他道德修养水平高低的客观依据。而教师高尚道德情感和信念的形成，必须通过教师在教学过程中，规范自己的行为习惯来实现。只有当教师养成符合规范的行为习惯之后，他才能赢得学生及其家长乃至全社会的尊重，形成"尊师重教"的风气。

第八讲　教学过程中应着重培养学生的几种能力

21世纪的小学教育,突出全面的素质教育,注重学生必备能力的培养。不仅要让学生学好各个学科的专业知识,还要注意培养学生的综合素质,具备适应时代发展要求的多方面能力。因此,教师教学过程中应注重学生能力的培养。

第一节　培养学生自主学习的能力

随着课程改革的日益深化,素质教育已成为今天课堂教学的一个主导因素。而学生自主学习又是素质教育最好的体现。随着社会的发展对人才的需求也发生了变化,因此,为了适应社会对人才的需求,培养学生自主学习能力成为教学的首要任务。

一、对学生自主学习能力的认识

要在教学中培养学生的自主学习能力,首先就要清楚什么是自主学习,自主学习即"学习主体有明显的学习目标,对学习内容和学习过程具有自觉的意识和反映的学习方式"。自主学习能力则是学生在学习活动中表现出来的一种综合能力。具有这种能力的学生有强烈的求知欲,善于运用科学的学习方法,合理安排自己的学习活动。善于积极思考,敢于质疑问难,在学习过程中表现出强烈的探索和进取的精神。

培养学生的自主学习的能力是素质教育的要求,也是人的全面发展和 21 世纪的需要。培养自主学习的能力不仅有利于学生今后的学习,而且能优化课堂教学,提高教学效率。但学生的自主学习的能力要以学生为本位,在学生积极参与的学习过程中培养和提高。

二、以学生为本,培养学生自主学习能力

(一)转变观念,增强学生自主意识

1.转变观念是培养自主学习能力的关键

(1)教师要转变教育观念。转变传统的教育观念,树立以学生自主学习能力培养为目标的素质教育观念。传统的以教师为中心的教育观念,阻碍了学生个性的发展,且使学生缺乏学习的积极性,不利于自主学习能力的形成。转变以教师为中心的观念,树立以学生为中心的观念,实现从传统教育中以教师的"教"为中心到以学生的"学"为中心的教学观念的转变。在教学中,教师的中心地位应让位于学生和学生的自主学习,成为学生自主学习的引导者、促进者、组织者、协助者,而不再是知识的灌输者。教师的职责不在于"教",而在于指导学生"学";不在于指导学生"学会",而在于引导学生"会学",教是为了不教。学生则真正成为了学习的主人、学习的主体、学习的主宰,进而实施"自主学习"的教学模式。

(2)教师也要教育学生转变学习观念。根据现代教育学的观点,课程是一个开放的系统,它是"教师与课本、教师与学生、学生与课本——交互作用的结果"。教学和课程是开放性、互动性、交互性、对话性的,学习的过程不仅是传递知识,而且还具有探索知识、创造知识的意义。学习是知识建构的过程,学生不能满足于知道是什么,还要知道可能是什么,这样才能去创造一个可能的世界。在学习中,学生要主动选择和探究,要增强独立思考和判断的能力。

2.加强学生自主学习意识的培养

现代教育理论认为,学习者不能是信息的被动接受者,而必须是知

识获取过程的主动参与者。这也就是说学生要学到扎实的知识,首先要有主动参与的意识。教师要意识到,教师是外因,要通过学生这个内因才能起作用。教师要想方设法让学生自己主动地学,才能收到良好的效果。而仅仅教师有"学生是主体"的认识是远远不够的。教师要加强教育,让学生真正意识到"自己是主体"。而学生的参与意识绝不是与生俱来的,这就需要教师精心的培养。如:学生刚入学,教师就可以让学生明白,学习是自己的事。教师应该让学生知道怎样听课、复习和作业,怎样思考、发言和讨论,逐步培养学生学习的独立性、自主性。

(二)优化课堂教学,培养学生自主学习能力

课堂教学是培养学生自主学习能力的主要阵地,教师若能优化课堂教学,将有助于有效地培养小学生自主学习的能力。

1.创设最佳的学习氛围

学习氛围,对学生的学习来说是很重要的。学生的心理是在外界环境影响下建立起来的。教师要注意在课堂上建立民主、平等的师生关系,重视师生之间的情感交流。教师的语言、动作和神态要让学生感到可亲、可信,要能不断激发学生的求知欲,能激励学生不断克服学习中的困难,让学生产生兴奋和愉快感。

教师对学生的学习要多鼓励,对学生回答的问题不要简单地否定或肯定,要鼓励学生多问"为什么",并让学生说说是从何想起、怎么想的,鼓励学生不懂就问,并通过学生自己来解答疑问,也可多让学生思考、提问,多让学生感受成功的喜悦,这样学生学习的兴趣就浓了。

2.鼓励学生自我探究

学生自主学习能力的培养,是一个循序渐进的过程。在教学中,我们发现很多学生已经养成了很强的依赖性,遇到问题,总要等着别人来解决,学习上缺乏主动性。为此,在课堂教学中,教师要特别注意以各种

方式鼓励学生自我探究,帮助他们逐渐树立起自信心。如:"老师知道你是个勇敢的好孩子,这些困难一定难不倒你,对吗?""你很优秀!""你真棒!"……老师亲切的话语、和蔼的笑容、赞许的眼神,能够有效地调动学生的情绪,更能增强他们自我获知的信心。

3."授之以渔",教给学生自学方法

教育家叶圣陶先生曾指出:"尝谓教师教各种学科,其最终目的在达到不复需教,而学生能自为研索,自求解决。"所以在学生的自主学习中,教师必须教给学生学习的方法,也就是"授之以渔",从而培养学生具有终身学习的习惯和能力。培养学生"自主学习"不仅是为了学生获得知识技能,更主要的是让学生学会获取知识的方法。在教师的启发下,让学生逐渐学会动脑筋,具有自己提出问题、分析问题、解决问题的能力,即教师"精讲"学生"多练"。

例如,某校蔡老师在教学《观潮》时明确指出:学生自己阅读,自己查字典排除生字、生词障碍,然后读课文,提出问题,自己回答,不懂的句子画上记号。有的学生看完题目后,就提出了"课文主要描写了什么景象?"学生在阅读时都不再问字的读音和意义,自己查字典;阅读课文时,指导他们自己写问题,并联系上下文对重点词句进行理解,学生思考后,又组织学生讨论交流,各抒己见。这样,学生由被动地学转向主动地学,增强了自主学习能力。

(三)坚持不懈长期培养

学习也好,做其他的事情也好,最忌的是一曝十寒,缺乏持久和耐心。对学生自学能力的培养也是需要长期的坚持不懈,通过不断的反复和重复的演练,才能一次次提高认识、情感、行动,最终形成一种习惯,一种心理品质和个性心理特征,从而达到由他觉到自觉,他律到自律;把培养自学能力变成一种发自内心的需要,一种自觉,一种自我意识。

总之,在课堂教学中要勇于尝试,不断地改进教学方式,坚持不懈,必然能提高学生的自主学习能力,达到素质教育的最终目的。

【案例】

培养小学生语文自主学习能力

过程:

某校李老师在讲《春天》一文时,把学生带到室外,观察校园周围的景色,引导学生自主探究——寻找春天。

师:同学们,我们先到室外看看校园周围的景色好吗?

生:好。

地点:室外

师:大家观察到校园景色非常美丽,那么请大家说一说校园周围景色有哪些变化呢?

生1:有的树木有一些很小很小的绿芽了。

生2:路边的小草绿油油的。

生3:蜡梅花上有好多的叶子了,以前是光秃秃的。

师:那么这些变化说明了什么呢?

生:说明春天到了。

(在上课前让学生亲眼看一下春天在校园周围的细微变化,学生兴趣被调动起来,表现出以往不曾出现的认真态度,抓住这一时机,顺势导入新课。)

老师说:同学们,我们这节课来学习书上怎么描写美丽的春天,好吗?

生答:好。

师:春天已经悄悄地来到我们身边,正等待着小朋友去寻找。

(学生情绪高涨,这样在让学生观察记忆的基础上,以生动活泼的形式调动学习的学习积极性,巧妙地导入新课。)

评析:1.与传统的教学模式相比,教师的角色发生了转变,从实例《春天》一课来看,基本是学生在老师的引导下进行学习活动的。教师是课堂教学的组织者、引导者、合作者,从整体案例看,证实了现代教学方式的好处,使学生的思维、想象、创作得到了真正的发展。

2.从实例看,知识让学生自己学,方法让学生自己探,体现了学生在实践中的探究学习,另外教师尊重学生个体差异,创设了学生参与活动的情境,整堂课出现了师生互动、生生互动的教学场面,教学模式也发生了根本的转变。

3.学生的学习方式发生了转变,从案例看,改变了过去学生被动接受知识的状况,使他们在合作中交流,积极参与,动手实践,体现了自主探究的学习方式,让学生确立了自主学习的意识。

第二节　培养学生探究学习的能力

现代教学的研究,进一步证实学生学习的过程,不是被动地接受知识,而应该是以一个发现者、研究者和探索者的身份去主动获取知识。这就要求教师转变教学观念,真正成为学生自主探究的"带路人"。引导他们积极探索,主动获取新知识,从而使学生具备探究学习的能力。

一、对探究学习的认识

探究学习是学生在主动参与的前提下,根据自己的猜想或假设,在科学理论指导下,运用科学的方法对问题进行研究,在研究过程中获得创新实践能力、获得思维发展,自主构建知识体系的一种学习方式。

探究性学习有利于发展学生的主体性,有利于学生自主地学习个性发展所需要的知识,使人类群体的智力资源有效转化为个体智力资源,有利于培养学生的可持续发展的能力,使学生学会学习,有利于培养健康的社会情感,培养学生的创造精神。而这些品质都是终身学习社会所必需的。

二、学生探究学习能力的培养对策

教学过程应是以学生为主体,学生主动参与、积极探索的过程,是教师引导学生用已有的知识去探索未知领域的过程。因此,新课改的一个重大举措就是强调探究性学习。那么,怎样适应新课改的要求,切实培养学生探究学习的能力呢?

(一)激发探究兴趣,是培养探究学习能力的前提

我们都知道,兴趣是学习、求知的动力。只有学生有饱满的兴趣,才会对学习产生强烈的愿望,才会主动地参与教学过程。因此,教学过程中如何激发学生的探究兴趣,是培养学生探究学习能力的一个大问题。

首先,教师要把学生作为探究的主人,充分发挥他们在学习过程中的主体作用,千方百计地让他们产生强烈的探究欲望,引发浓厚的探究兴趣。教学过程中,教师应根据教学内容的特点,把抽象的概念、深奥的道理转化为生动活泼的事实或现象;也可以引导学生进行实验操作,激发学生积极探求知识的兴趣。通过这一系列活动,获得探究成功的喜悦,展现自己的智慧和才干,引发更强烈的探究兴趣。

其次,为了激发学生的探究兴趣,教师必须酷爱自己所教的学科,并努力从事发现、研究工作,把探究作为自己的兴趣中心。只有这样,教师才能带着探究目的深入挖掘教材内容,从组织教学的形式上,从选择教学方法上多下工夫,使自己教学艺术达到引人入胜的境界,从而更有效地去激发学生的探究兴趣。教师浓厚的探究兴趣必将直接影响学生的探究情绪,一个没有探究激情的教师是不能指望他的学生能有探究激情的。只有师生都有浓厚的探究热情和兴趣,探究活动才会丰富,思维才会活跃,这就为探究学习能力的培养创造了条件。

（二）拓宽知识领域，是培养探究学习能力的保证

拓宽学生的知识领域使学生掌握广博的知识，便于他们发现各种知识之间的联系，触类旁通，见微知著，形成新的观点，新的理论，达到新的飞跃。因此，拓宽知识领域，是培养探究学习能力的重要保证。

首先，拓宽学生的知识领域，必须建立在牢固的基础知识基本技能的把握上。扎扎实实让学生学好课内的基础知识，使他们具备良好的学习技能。

其次，要让社会实践成为学生获取知识的广阔天地。社会实践是学生丰富精神生活、扩大知识视野、激励探究创新的有效阵地，它能为探究学习能力的形成提供良好的智力营养，学生在社会实践中，可以不受教材的束缚，教师的影响，独立自主地获取知识，得到发展。当然，社会实践要讲究内容的丰富、新颖，形式的多样，方法的灵活以及教师的指导得当，让学生在活动中去观察课堂教学所不曾看出的门道，去领悟课堂教学所来不及领悟深透的奥秘，去涉猎课堂教学所无法获取的知识。

（三）营造探究氛围，是培养探究学习能力的关键

首先，要鼓励学生敢于质疑。陶行知说："发明千千万，起点是一问。"学生在学习过程中，教师要引导他们大胆进行质疑，把学习的主动权还给学生，让他们主动地发现问题，在积极探索中学习知识，掌握知识间的内在联系和规律。在教学过程中，教师的主要任务是引导学生质疑，努力培养学生好学、敢问、求真，具有积极思考，主动探索的良好品质。

其次，在探究过程中，教师要转换角色，放下"师道尊严"的架子，建立平等、和谐、民主的新型师生关系。充分尊重学生，相信学生，把学生当成知识的主动探求者，而非盛装知识的容器。要创造探究条件，扩大探究范围，发展探究能力。给学生自主探究的权利，让他们自己去选择；

给学生自主探究的机会,让他们自己去体验;给学生自主探究的问题,让他们自己去解决。

【案例】

张老师是深受学生喜爱的教师之一,教学方式灵活多变,富有创造性。例如教学"有余数除法"时,他通过讲故事,激情趣的方法启发学生积极思考:有一天,猫妈妈钓了 7 条小鱼,她想把这 7 条小鱼平均分给她的 3 个孩子,可是分来分去,就是分不好,这是怎么回事? 谁能帮助她? 这时,学生们兴趣上来了,出现了积极思考、探索,互相讨论的情景,他们的思维也处于富有创造性的时刻。这时,他抓住时机,积极引导,很快使学生掌握了知识。

第三节　培养学生独立思考的能力

孔子言:"学而不思则罔,思而不学则殆。"我国古代的教育家历来强调学习者必须注意学与思的统一。综观世界各国教学大纲也无不把培养学生独立思考的能力放在较为突出的位置。培养学生独立思考的能力是教学目标之一。

一、对独立思考能力的认识

独立思考的能力是一种综合能力,它表明个体能面对不同的情景,运用不同的思维方式、方法和技巧解决所面临的问题。要培养这种能力,首先必须让学生参与到具体的活动过程中去,并尽可能提高其参与度;其次是帮助学生逐渐掌握思维的方法和分析问题的方法;最后着眼于培养学生的思维品质,形成独立思考的习惯和能力。一般地,随着年龄的增长,学生的认知水平和活动能力不断提高,其思考问题的独立性也就不断增强。也就是说,学生的独立思考能力必须经历一个长期的过程,才能逐步培养、构建并发展起来。

独立思考并不排斥同学之间的合作互助,但合作学习必须建立在个体独立思考的基础上。对于一个具体的问题,倘若没有形成自己独到的见解,就急于与人合作和会话,必定会影响思维的主动性,从而影响思维能力的提高。可以这么说:没有独立思考,也就没有合作学习的本质内容,合作讨论就成了无源之水、无本之木,因而合作也就只能流于形式。

二、学生缺乏独立思考能力的原因

著名教育家蔡元培曾说过:"我们教书,是要引起学生的读书兴趣,做教员的不可一句一句或一字一字的都讲给学生听,最好使学生自己去研究,教员不讲也可以,等到学生实在不能用自己的力量去了解功课时,才去帮助他。"可见,培养学生独立思考能力是非常重要的。

目前,小学生探究思考能力有所缺失,其成因主要来自三个方面:

1.学业压力大

由于学校片面追求分数和升学率,学生所承担的学业负担不断加重,每天学习八小时以上,从而导致学生缺乏独立思考的时间和精力。

2.教师授课方式不当

毫无疑问,教学过程离不开教师的"讲授",需要教师用学生能接受的简明语言,系统讲述教材、帮助学生获得知识。但教学决不能只有教师的讲授,如果把教学完全等同于教师的讲授,那就如陶行知所批判的,"既误解了教,也误解了学"。正是由于长期以来我们错误的教学观念,才导致了教学实践中司空见惯的"独白式教学"甚至"灌输式教学",致使本该属于学生自己的独立思考机会又被不当的授课方式所剥夺。

3.学生的依赖心理

传统教育中,教师的绝对权威性以及应试教育单纯地追求标准答案的目的性,导致了学生的依赖心理。学生在学习过程中完全地服从老师,形成非常强的依赖心理,不能积极主动地思考。应试教育下,学生天天进行枯燥的训练,盲目抄写、背诵,从老师那里获取考试重点以及标准答案,从而抑制了自身独立思考的能力。

三、学生独立思考能力的培养对策

针对以上探究思考能力缺失的成因分析,进一步总结归纳了培养学生独立思考能力的三种方法:

1.教师首先要转变教学观念和教学方法。

教师要从传授知识的角色向教育促进者转变。第一,由权威服从向宽松民主和谐师生关系转变。建立宽松民主和谐的师生关系,可以消除学生的畏惧心理,可以培养学生的大胆质疑、探究思考能力。第二,由传授知识向指导学法转变,力除传统注入式教学的弊端,变教师的"灌输"为教师的"引导",变学生的"被迫听"为学生的"主动学",实施启发式和讨论式教学方式,以培养学生探究思考的能力,让学生成为学习的主人。

2.创设问题情境,设疑引思

诺贝尔奖获得者海森堡说:"首先是问题的提出,其次才是问题的解答。"发现问题是思维活动中最重要环节。因此,教师应善于设问,精心设计问题,以利于学生思维活动的积极展开,最大限度地拓展学生潜能,提高学生探究思考能力。

在教学过程中,通过创设情境,设疑引思,能有效地引导学生积极思考。学贵有疑,小疑则小进,大疑则大进。教师应创设教学情境,使学生产生疑问,并留给学生充足的思考时间,从而为学生的独立思考提供机会,激发学生探究思考的兴趣。

3.引导发散思维

发散思维是指大脑在思维时呈现的一种扩散状态的思维模式。这种思维方式鼓励学生从多个方面、多个角度去看待问题,解决问题。发散思维能力可以通过"一题多解""一事多写""一物多用"等方式进行培养。例如,在解决数学问题时,采用"一题多解"的方式,激发学生思考兴趣,提高探究思考能力。

第四节 培养学生实践创造的能力

一、小学生实践能力培养策略

(一)改变传统教学模式

以往的教学,大多是教师以课堂为中心,围绕课本中要考的知识内容,只从理论方面教学生知识,学生做大量的习题强化和巩固他们的学习结果。如此教学,学生学习知识从书本到书本,从理论到理论,割断了理论与实践的密切联系,不仅不能培养学生的创新精神,也无法提高他们的实践能力。因此,教师教学必须改变以往的教学模式。积极开展课内和课外一系列实践活动,让学生去感受、去发现、去探索,从而不断建构属于自己的知识,逐步提高实践创造能力。采用这种方式,教师要注意分析课程目标,确定适合学生身心特点的实践活动类型;在实践活动过程中,要加强引导并给予必要的调控活动;结束后,还应及时组织学生进行个人体验总结。

(二)在学科教学中培养学生实践能力

实践能力的发展是基于学生各能力要素全面发展而得以实现的,我们现行的学科教学对学生相关能力的发展起到了举足轻重的作用,数学知识的学习可以帮助我们培养思维的活跃性,提升我们的认识能力,语文及外语的学习可以帮助学生培养语言表达能力及归纳总结能力,这些能力要素都是构成实践能力的核心要素,有效地将学科知识与实践活动相结合,不仅可以帮助学生掌握学科知识,也能让学生学会运用知识进行实践。例如,在小学数学教学中,我们可以将数学知识与学生的生活实际相结合,利用实践活动培养学生数学知识的应用意识,让他们在应用的过程中对知识形成更加深刻的理解。教师应该教会学生把书本上所学到的知识应用到实践中去,在解决实际问题的过程中掌握运用知识解决问题的能力。

（三）立足现实生活

培养学生的实践能力也就是为了学生更好地生活做准备。所以,我们培养学生实践能力的最有效、最易获取的活动资源也就是学生的现实生活,这种现实生活可以为我们的实践能力发展提供所需的各种营养成分。因此,要突破书本知识学习的局限,让学生能够从自然、从生活、从社会现实中提出问题,通过开展探究、社会参与、实验等学习活动,逐步形成对自然、对社会、对自我的整体认识,发展良好的情感、态度和价值观。立足于现实生活,让学生在生活中学习和成长,特别是小学低年级的社会实践应以自身保健、日常生活为主,比如洗袜子、认路、游戏健身等。生活是学生实践能力发展的逻辑起点,人的生活、生长和生存的需要正是实践能力发展的原动力,生活环境是实践能力得到锻炼和提高的最好课堂。

二、小学生实践能力的培养价值

（一）实践能力的培养有助于学生学习兴趣与学习动机的提升

1. 培养小学生的实践能力有利于学习兴趣的提升

著名心理学家皮亚杰曾指出:"所有智力方面的工作都是要依赖于兴趣。"人们也常说,兴趣是孩子最好的老师,它能够引导孩子主动研究与探索新事物。单纯的知识灌输通常会让学生失去对知识学习的兴趣,特别是对于小学阶段的学生,单一的教学模式,传统的教学方法往往忽视了学习兴趣对学生学习发展的重要作用。而新课程改革所提倡的学生实践能力培养,不仅要求我们通过开展各种教学活动来丰富学生的课堂学习,还要求我们以形式多样的课外活动来充实学生的课外生活。这些活动强调了学生的主体参与性,活动以学生的实践为主,以学生实践兴趣、实践能力为主要前提加以开展。这些形式各异的实践活动,能够令学生保持较高的实践兴趣,同时,激发学生的好奇心、求知欲,让学生在学习的过程中始终保持长久的学习热情,能够主动去探索、挖掘知识的奥秘。

2.培养小学生的实践能力有利于学习动机的提升

在实践活动开展之前,教师通常会根据学生年龄特征、结合当地教学资源和校本课程资源,向学生提出切合实际的目标,让学生在经过一定的努力的过程后,较好地完成基础学习、实验操作和作品制作的任务,逐步积累成功的经验,从而不断增强学生的学习动机。同时,如果能通过各学科的实践活动,让小学生在丰富的生活实际中学习知识,并运用学到的知识解决实际生活中的问题,品尝学习之乐趣,分享成功之喜悦,久而久之,学生的成就动机就能逐步提升,他们的实践能力也就会越来越强。

(二)实践能力的培养有利于学生个人素养的提升

1.实践能力的培养有助于学生智力水平的提升

经验知识要成功地内化为学生的个人经验,就离不开具体的实践活动,在实践能力的培养过程即实践活动中,在一定实践目标的具体导向下,学生经过对问题表征的认识,对具体问题的分析,以及问题解决方案的制定、实施及监控过程,不断提升其观察、感知、分析、判断的能力。所以,对学生的实践能力进行培养,势必会有助于学生们各种智力因素的提升,能够让他们更好地把握各种知识经验。

2.实践能力的培养有助于学生身体素质的提升

实践活动为小学生提供了许多肢体锻炼的机会,例如,手工劳动作为小学生实践活动中的一种重要活动方式,不但能使学生加强小肌肉小关节的锻炼,也能使大脑全面机能得到训练,促使学生智力发展。小学生的身体各部分都在迅速地发展与生长,为其提供各种不同类型的活动机会无疑是提升小学生身体素质的最好途径。

(三)实践能力的培养有利于学生创新能力的提升

1.实践活动促进创新意识的形成

学生在实践活动中发现问题、提出问题、解决问题,在不断地探索中产生了"与众不同"的观点和看法,从而形成了"求异"思维,萌发了创新意识。创新学习需要学生全面参与,让他们积极投入到活动中去,通过动手操作,与同伴们的探讨比较,提出自己的独特见解。在实际的教学中,对于小学低年级学生来说,喜欢游戏是他们的"天性",老师如能充分利用此天性,在课堂教学中以动手操作、游戏等活动组织学生进行各种学习探讨活动,就能让学生的创新思维得以发展。

.2.实践过程促进创新思维的形成与发展

学生的实践活动是学生获取知识的重要途径,也是学生最感兴趣的一种学习方式,更是创新能力形成的主要场所。比如元、角、分的教学中,让学生模仿生活中的购物情景,参加购物活动,比起枯燥的元角分计算要有趣得多,学生在不知不觉地愉快购物活动中学会了元角分的计算能力。

第九讲　正确应对教学过程中出现的问题

第一节　培养教学机智得心应手地完成教学工作

著名教育家布鲁姆曾说过："人们无法预料到教学所产生的成果的全部范围。"确实，课堂教学虽然非常强调精心的预设，但是，实际的教学却经常是这样的：无论你课前准备得多么充分，多么严谨，课堂教学过程中却总是出现意外，甚至完全与课前预设的教学情境相背离。能否科学机智地处理这些"意外"，既是一位教师教学是否机智、经验是否丰富的验金石，又是一堂课成败的关键因素。

一、教师要想拥有高超的教育机智必须具有的四种能力

1. 随机应变的能力。教师必须表现出高超的应变能力，能在纷繁复杂、瞬息万变、随时可能发生意外的教育教学情境中，善于根据问题出现的情况，作出敏捷的反应，及时采取合理的对策。

2. 敏锐的观察力和判断力。教师要善于进行细致入微的观察，以便及时了解和发现学生的心理状况，迅速捕捉到课堂上的反应，有针对性地灵活处理各种问题。没有敏锐的观察力和判断力，教师就无法采取迅速而正确的措施，也就谈不上随机应变。

3. 情绪自控能力。教师要善于控制自己的情绪，沉着、冷静，抑制无益的激动，保持心理平衡，切忌急躁、冲动。切不可用简单粗暴的态度对待学生,要机智冷静地审时度势,主动寻求巧妙合理的解决办法。只有沉着冷静,才能迅速弄清事实真相,采取适当的对策。

4.创新思维能力。由于突发事件具有突发性、意外性、紧迫性等特点,又由于学生的知识基础、思想状况和个性特征的无限多样性,决定了教学中突发事件的处理不可能有一成不变的公式,这就需要教师具有创造性思维,才能灵活处理各种突发事件。

但是,我们如何才能拥有以上能力呢?我想,这虽然与每个人的性格、个性等先天条件有关,但只要我们在掌握上面有关教育机智基本技能的基础上,从以下几点入手,就会得到不断的提高:第一,要具有强烈的事业心和高度的责任感。从学生利益出发,充分考虑学生的心理特点、内在要求,才不会做出伤害学生自尊的不妥当行为。要做到这些,如果没有对教育事业的执著,没有对教育事业的崇高信念,则是不可能的。第二,深入了解学生的思想、心理特点,做学生的知心人。这样才能想其所想、答其所答、做其想做。第三,具有宽厚的知识素养。要有扎实的学科基础和相关学科的知识,同时要培养自身良好的心理素质。第四,敢于实践、大胆创新。努力发展和完善自己的创造人格,不断超越自我。第五,要有教学反思和研究的品质及能力。不做"教书匠",要争取做"学者型""科研型"的新教师,自觉投身到教育科研活动中。

二、如何培养教学机智

1.要善于观察和捕捉课堂教学细节。在教学过程中,教师不仅要把自己的教学思想传达给学生,把文化知识传授给学生,还应入细入微地倾听学生的课堂发言,观察学生的课堂表现,并对捕捉到的重要信息迅速作出正确的分析和准确的评判。同时,认真的观察,还可以及时准确地把握学生在课堂学习中的积极性和可能出现的"偶发情况"。当学生没有理解和掌握教师传授的旨意或学生的学习积极性不高时,教师应及时地调整教学方案,改变教学或讲授方式,以增强教学的针对性和实效性。

2.提高自身素质

首先,教师要提高掌握教材的能力以及语言的表达能力,为教师教学机智的形成奠定坚实的基础。教师要理清教材的知识点,力求做到心中有数、手中有法,并对学生学习中的障碍有充分的估计,做好应对学生学习中可能出现的突发事件的准备。同时,教师良好的语言表达能力可以营造轻松和谐的教学氛围,提高教学质量,为教师教学机智的发挥打下良好的基础。

其次,教师要提高自身的思维能力和创新能力。思维应变能力的好坏,是教学机智发挥的重要影响因素。一个思维迟钝的教师不可能及时、准确、新颖地解决学生提出的各种问题。教师要想提高自己的思维能力就要开阔视野,转变观念,勤于思考,善于总结与反思。在思维能力提高的同时,教师还要培养自己的创新能力,教师能充分发挥自身的创造性是进行创造教育教学的前提。教师要能够及时更新教学内容,灵活运用多种教学方法,优化教学过程,使自己的教学具有独特的风格。

3.完善知识结构

广博的知识是教师智慧的源泉,是形成教学机智的基础。对于担任多学科、多层次教学的教师来说,不断地加深和拓展其专业学科知识尤为重要。以研究促进修,既专又博,才可能在教学中遇事不慌,随机应变,于瞬息之间创出一个"惊喜"给学生。

这里的知识是从广义的角度来谈的,包括一般的科学文化知识、专业方面的知识以及教育科学方面的知识。教学机智的产生如同灵感的产生一样,是认知的高级阶段。它的产生不是与生俱来的,而是教师在科学理论指导下长期教学实践经验的升华,是教育理论与教学实践经验的"合金",是智力因素和非智力因素的巧妙结合。一个教师如果没有广博的知识,没有本学科的专业知识,不懂得教学规律,不了解学生的个性特征,那么他就不会有高超的教学机智和高水平的教学艺术。

4.积累教学实践经验

教学机智是知识、智慧和经验的结合体,因此在拓宽知识、注重自身修养和锻炼良好品质的同时,还要注重经验的积累,勇于实践探索。教学工作的实践性和情境性决定了教师必须在平常的教学工作中注重经验的积累,以提高对教育情境的敏感性和反应能力。教师的经验越丰富,处理课堂上突发事件的能力就越强。一些不起眼的或见怪不怪的教学情境,对有经验的教师来说,都可以成为对学生进行知识教育和能力培养的好教材。实践是课堂教学机智形成的基本途径,因此教师在进行课堂教学时要注重经验的积累。

5.注重教学反思

教学机智产生于实践,实践是教学机智的源泉和基础,它给教学机智提供了丰富的经验来源。但经验要真正地内化并升华为教师个人的教学机智,还需要一个关键的环节:反思。教师的反思能力决定着教学机智的深度。教师只有通过对自己教学中的问题进行反省、思考、探索、判断、分析和整理,才能促进自己教学观念的转变,改进教学方法,提高教学水平和效果,从而获得关于教学情境的新的理解和构建。教学机智就在教师不断地反思与批判中悄然成长,并潜移默化地去指导教师的教学实践。

三、教学机智的特点

1.实践性

教学机智源于教师的教学实践,它是教师长期积累的教学经验的总结和升华。教学机智的基础是教学实践,离开了教学实践,教学机智就成了无源之水,无本之木。同时,教学机智又服务于教学实践,并在教学实践中不断提高、完善。两者之间是相互作用、相互影响的。

2.情境性

课堂是一个复杂多变的动态过程,课堂的情境性就在于它的多变性和不可预测性,这也正是课堂教学的复杂性所在。马克斯·范梅南认为:"机智能对意想不到的情景进行崭新的、出乎意料的塑造。"任何课堂情境都是不一样的,这就要求教师必须具体问题具体分析,用不同的教学机智应对具体的课堂教学情境,而不是复制、照搬其他的教学操作模式。

3.灵活性

教师尽管可以在课前做好充分准备,但是再有预见性的教师,也不可能完全预料到课堂偶发情况的出现;再周密的教案,也不可能为突发事件事先设计好具体的解决方法和步骤。因为教学环境不是完全封闭的,更何况课堂教学本来就是师生的双向交流活动,教师面对的是活生生的人,不能不顾学生的反应。可见,始料不及的偶发情况是难以避免的,教师在处理这些问题时就需要灵活的教学机智。它要求教师在面对突发情况时,能够做出灵活反应或提供几种可行的途径和方法,或对同一问题进行不同的解释,显示其思维的开放性、敏捷性和多变性。

4.巧妙性

苏霍姆林斯基说过:"教育的技巧并不在于能预见到课的细节,而在于根据当时的具体情况巧妙地在学生不知不觉之中做出相应的变动。"这一精辟论断说明教学机智具有巧妙性。巧妙性要求教师在学生突然提出意外的棘手问题时,能机智地绕过棘手之处,或避开难答之点,巧妙地化解问题。

5.创造性

教师从事的教学工作是一项创造性的活动,这种创造性劳动本身就决定了教学机智具有创造性。一旦课堂上出现突发事件,而那些既定的教学方案和固有的教学模式又不能应对时,教师就要敢于打破陈规,勇于创造,迅速采取合适的应对措施,使矛盾得以化解。

四、教学机智的类型

针对不同的课堂偶发事件,我们所采取的教学机智是不同的。大体

而言,教学机智有以下几种类型:

1.处理教师教学失误的机智

课堂教学是一种极其复杂的创造性劳动,尽管教师在课前充分准备,并把可能出现的情况都做了估计,但仍不能避免出现一些意想不到的自身失误,如口误、笔误、讲课卡壳等。处理这类失误时,教师一要实事求是,及时纠正,以避免小错变大错;二要反应敏捷,善于动脑,选择最巧妙的办法纠正,变消极因素为积极因素,把失误变为教育学生的机会。

2.处理学生行为失当的机智

学生的失当行为包括在课堂中交头接耳、相互吵闹、打架、恶作剧等。面对这种情况,教师要镇定自若,具体问题具体分析,把这类行为的影响控制在最小范围和最短时间内,采取适当的对策化解矛盾,使课堂秩序恢复正常。

3.处理教学环境突变的机智

教学环境突变是指由于突然发生的外来干涉事件导致课堂教学环境的不协调,它不是由教师、学生引起的,而是由外界某些偶然因素的干扰引起的,教师在处理这类事件时同样需要运用教学机智。

4.处理教学疑难的机智

教师在课堂教学中讲解、提问和组织讨论时,会碰到一些难度较大的问题,可能一时难以解决。加上现在的学生视野开阔,思维活跃,会提出一些意想不到的问题,使得课堂教学的难度加大。这时,如果教师处理失当,不仅会直接影响他的威信,还会影响学生对他所传授的知识的信任度及学习效果。这就要求教师不仅要具有良好的知识修养,而且还要有灵活运用知识、机智处理问题和圆满组织课堂教学的能力,以免因疑难问题的出现而干扰教学的正常进行。

总之,课堂教学是一门艺术,教师生成教学机智并非一日之功,它是以教师高尚的修养、广博的学识、熟练的教学技术以及丰富的经验为基础的,在教学过程中,要做到对教材的高度熟悉,对学生的充分了解和尊重,才能灵活自如地驾驭课堂。

第二节　随机应变
灵活应对课堂上的突发事件

教师在授课过程中,总会遇到一些课堂上的"突发事件",课堂秩序被干扰或破坏,教学设计被打乱。对于突来的"突发事件",教师若处理得好,不仅能保证教学活动的正常进行,还能锻炼教师临危处事能力,突显出教师的机智与创造性,提升教师魅力;若处理不当,则会严重破坏教学计划,教学以失败结束。因此,研究和分析突发事件,总结处理各种突发事件的经验,提高突发事件处理技巧,降低突发事件对教学的破坏性,甚至将突发事件转化为课堂教学的动力,提高教学效果,是每个教师都应该认真做的一项工作。

一、课堂突发事件类型

1.外界因素的干扰。外界的因素很多很多,我们想不到,同时也控制不了这些因素,它们就像天外来客,给我们防不胜防的感觉。如:在教学过程中,外面突然下起瓢泼大雨⋯⋯这些都是影响学生注意力或分散学生注意力的不利因素。

2.同学间的纠纷。课堂教学中常常出现这样的情形,教师正在认真上课,下边的同学也大多在专心听课,突然同座位或相邻的两个同学争执起来,轻者发生口角,重者你推我拉,互不相让,甚至大打出手,使教学秩序受到严重破坏。

3.学生恶作剧。有的学生对教师的某些做法不满或抱有成见,在课堂上伺机发难。也有极个别学生在课堂上故意捣乱,影响其他同学的听课效率。

4.学生分心,上课效果差。在教学过程中,我们有时会遇到冷场,学生的思路打不开;或者学生不注意听讲,东张西望;或者由于学生自制能力较差,教师在台上讲课,学生在下边玩手机,看大书。

5.教师的失误。课堂教学是一种极其复杂的创造性劳动。尽管教师认真备课把可能出现的情况都做了估计,但是仍然避免不了出现一些意想不到的自身失误。包括口误、笔误、教态失误、内容遗漏或错误,还有讲课"卡壳"等。

二、处理课堂突发事件的主要原则

教师在处理突发事件时应遵循以下主要原则:

(一)及时处理,不可拖延

对于课堂突发事件,一定要及时处理,能马上处理清楚的马上解决,对于课下要处理的问题一定要做到及时到位,切不可拖延。否则,达不到预期教育效果,同样的问题以后还会出现,长此以往,学生会对教师产生一种拖沓的印象。

(二)机智处理,尊重为先

著名心理学家威廉·杰姆士曾说,"在人的所有情绪中,最强烈的莫过于渴望被人重视。"多数的突发事件经常发生在一些后进生身上,他们虽然调皮且自卑心理较重,但犯错误的同时又十分渴望得到老师的尊重。教师只有尊重学生才能拉近师生距离,课堂气氛融洽才能最大限度地减少意想不到事情的发生,教师不仅要在课外尊重学生的人格,在课堂上处理突发事件更要尊重学生,为学生创设一个融洽、和睦的处事平台。

(三)爱心感化,教书育人

苏霍姆林斯基说:"教育技巧的全部奥妙就在于有一颗挚爱儿童的心。"在处理课堂突发事件时,教师要用心去感化和教育学生,只有爱心相随,缩小心理距离,学生才能在心里接受教师的教育。有爱心有责任心的教师从不会对突发事件听之任之,他们往往从突发事件中探求学生的思想动向、心里想法,并能抓住突发事件这一契机,达到教书育人的目的。

例如,一位教师在讲到"相遇"应用题时,刚要请学生上台表演相遇的样子,发现两个学生在双人课桌上用笔画"楚河汉界",谁也不许过界限,否则就会受到惩罚。教师就把两位学生请到台前,让他俩相对站在两端,然后同时以不同速度走向中间,并要求相遇时握手。事后,两位学生把"楚河汉界"擦掉了。这位教师在处理课堂突发事件时,用爱心感化学生,真正做到教书育人。

(四)沉着冷静,果断谨慎

在课堂秩序遭受严重破坏的情况下,教师若完全放下教学计划,严肃处理事件,会严重影响到教学计划的完成;若采取消极态度,又会损害教师威信,甚至会出现事态进一步恶化的情况。这时需要教师保持冷静的头脑,采用合理的方式方法,果断谨慎地处理问题。

例如,有一次课堂上突然两个男生发生大争吵,严重扰乱了正常课堂秩序。教师想要马上批评他俩,把原因弄清楚,他们一定会互相指责,喋喋不休,一下子不会认错,这样耗下去,一节课45分钟便完蛋了。要是马上送到政教处,那么其他学生又怎么办呢?突然,他灵机一动,走到他俩面前,对着同学说:"你们看,他们正在练习拳击,这样没有裁判,没有资深评委,好像不太合适吧,我自荐作裁判,双方父母作资深评委,班主任作特约嘉宾,地点政教处,请你们俩协商好时间吧。"两个学生一听,蔫了,忙说这样的比赛无限期推迟。就这样,一件突发事件几分钟便处理搞定。

(五)生生平等,师生平等

课堂教学效果是师生互动的结果。互动的前提是师生的平等。在处置问题时教师要学会换位思考,生生平等,师生平等。

例如,有一位教师由于板书书写错误,引起学生哄堂大笑,教师勃然大怒,狠狠批评了学生一番。如果教师此时能诙谐机智地承认自己的失误,并且幽默地告诉发笑学生:当别人出现失误而笑话别人是一种很不礼貌的行为,问题可能会得到很好的解决。

三、处理课堂突发事件的主要方法

1. 因势利导法

一般适用于外扰型和尴尬型突发事件,教师可以抓住事件中最感兴趣的一个点以变应变,无声地将突发事件快速拉回教学轨道。上海著名特级教师于漪老师"蝶恋花"就是一个典型:上课时,几只蝴蝶飞进了教室,吸引了同学们的注意力而无法上课,于老师首先让学生把蝴蝶赶出窗外,然后让学生以蝴蝶飞进教室为题打一词牌名,同学们苦思冥想不得其解时,于老师委婉道出:"'蝶恋花'啊,因为你们都是祖国的花朵!"

2. 巧妙暗示法

在课堂教学中,当突发事件发生时,教师并不中断教学活动,而是用含蓄、间接的方法提醒当事人,消除影响教学的不利因素,使教学活动正常进行。例如,当学生上课精力不集中、思想开小差而导致分心的时候,教师可视情况用语言、眼神、手势等作暗示;如果暗示法不起作用时,教师可换用个别提醒法,可以边讲课边走到该生身边,或亲切地摸摸他的头,或轻轻地敲敲他的书本和课桌;如果以上两种方法都不见效,还可以尝试重点提问法,通过个别提问,强迫他把注意力转移过来。待学生精力恢复,注意力集中时,再讲课,效率会大大提高。

3. 冷却处理法

就是把课堂发生的事情稍作处理后暂时"搁置"起来,待以后再从容处理的方法。主要适用于矛盾型突发事件,因为此类事件发生后,学生往往比较冲动,有时会不太理智,情绪容易激动,很难心平气和地接受教育;而教师容易心理失衡,缺乏充分的心理准备和冷静的分析,如果贸然进行处理,难免发生失误或难以取得最佳的教育效果。

教师可以让学生先反思一番,以真正达到知错的目的,从而改正错误。教师如果在课堂上采取了冷处理,既照顾了学生的自尊又使课堂教学正常进行,冷静后的谈话使学生心悦诚服地接受批评改正错误,师生的矛盾得到融解,师生之间更加理解和信任。

4.以静制动法

面对课堂上的突发事件,有时,沉静会起到很好的效果。一位教师因为课堂纪律不好,大声训斥学生,不但课堂没有变安静,反而引起学生的逆反心理,老师的喉咙就是吼破了也不管用,老师干脆一声不说肃静站于讲台,一分钟左右课堂变鸦雀无声了。

5.虚心宽容法

虚心宽容是处理课堂偶突发事件的心理基础,宽容在处理中的作用是极富艺术性的,宽容不是软弱无能,不是无原则的迁就,教师要使学生在心灵深处反省,要使学生体会到教师的仁厚和良苦用心,应给予学生更多的爱心和理解,促使学生自我反省、自我教育。只有如此,虚心、宽容才能够取得显著的教育效果。

总之,对课堂突发事件的处理,不但反映了教师驾驭课堂的能力,同时也体现了教师的教育理念,处理课堂突发事件,首先要有爱心和耐心,其次是讲究艺术和方法。教师在课堂教学中应积极应用教学机智,讲究策略,从实际出发,发挥主观能动性,抓住学生心理,把握教育时机,找出最佳的处理方法,艺术地处理突发事件。提高课堂调控能力和突发事件的处理水平是提高教育教学质量的关键。对课堂教学突发事件的处理,方法不是唯一的,我们应积极动脑,用机智、用方法、用爱心、用行动来提高我们的课堂调控艺术。

第十讲　重视师生间的沟通与交流

师生间的沟通是建立和谐的师生关系最重要的渠道。通过有效的交流沟通,将缩短师生间的距离,加深师生间的了解。在沟通过程中,老师与学生能够建立起积极的相互信任、相互尊重的关系,从而有效促进学生的健康发展。

第一节　睿智灵活
掌握表扬与批评的技巧

一、表扬

表扬是一种常用的教育手段,是对学生良好的思想行为的肯定和赞美。古人云:"数子十过,不如赞子一功。"我国古代最伟大的教育家孔子从不吝啬自己的赞美之辞。适当的表扬,不但可使学生明确自己的长处和优点,增强进取心和荣誉感,而且可引发其他学生的羡慕、向往的心理,推动其他学生向被表扬的学生学习。但是表扬不当,不仅不能起到积极作用,反而会导致相反的结果。因此,教师应该讲究表扬的艺术。

（一）教师表扬艺术

1.表扬应及时

表扬艺术同样具有时效性。当一件先进事例发生时,教师应立即作出积极的反应,及时给予肯定与表扬。这样不仅能维护先进者本人的积极性,而且能促进班集体积极向上心理的产生。如果教师对集体中的好人好事迟迟不作出反应,先进者的积极心理未得到老师的认同,就会产生失望、压抑的情绪,其他同学也会因此而对集体产生冷漠感。久而久之,班集体就会缺乏积极向上的心理氛围。

2.表扬形式多样化

表扬不仅仅靠语言,一次发自内心的微笑、一个肯定的眼神、一个翘起的大拇指,也能触动孩子的心灵,使他们感受到你对他们的关注与喜爱。教师要善于将表扬蕴藏于无声的行动中,让表扬最大限度地发挥作用。

3.表扬应真诚

人都是渴望被肯定、鼓励、欣赏与赞美的。几句发自内心的赞扬,能给学生巨大的精神支持,并促使其活动卓有成效。表扬学生一定要带着你的真情实意。否则,表扬就会显得牵强、苍白无力。这就要求教师多一份童心,多一些宽容,努力寻找切入点,从心底里发出对学生的表扬。例如:有个叫王××的男孩子,活泼好动。开学初表现积极,但一段时间后,他没那么积极了。在一次课堂上,他坐得特别端正、听得也很认真,我微笑着表扬了他,他更用心了。在他答对问题后,我又一脸笑容地表扬了他:"你回答得真好,声音也宏亮,大家要向他学习。"再次得到老师的表扬后,他脸上有了甜甜的笑,一副非常自豪的样子,以后他的表现更好了。难怪莎士比亚会说:"赞美是照在人心灵上的阳光。没有阳光,我们就不能生长。"

4.表扬应兼顾

对于优秀生,老师给予了较多的关注,常常是赞不绝口,那么,那些成绩不是特别理想或缺点较多的学生呢?我们有没有给予他们同样多的关注与表扬呢?有的缺点多的学生,尤其是缺点多又学习差的学生,不管在家里,还是在学校,可以说极少获得表扬,久而久之,失去了上进心和自我认同感,缺乏自信心,自暴自弃。而此时,老师要善于发现他们身上的"闪光点",对他们的每一点进步,给予及时的表扬与肯定,让学生感觉到自己被关注、被赏识,帮助学生恢复自尊,树立信心,从而使其性格和人格回到正确的发展轨道上来。

例如:记得开学前,教师了解到学生郭某在家在校表现都不怎么好,可以说是比较难管的一名学生。开学不久,郭某就出现了不守纪律的现象。教师刘某全面地分析了他的所有表现,决定以摸底考成绩和他的军训表现为切入口,以表扬为主,让他体验到被人肯定的喜悦。刘某把郭某找来,请他坐下,心平气和地和他谈入学的摸底考试成绩,肯定他暑假在家的努力和现在取得的好成绩,以他在军训时的表现来鼓励他学会吃苦,并和他说好每次考试都要有进步。在谈话的最后,淡淡一句带过了他的违纪情况。谈话后,郭某的学习劲头明显增强,成为班上的积极分子。

(二)表扬的误区

1.表扬应把握时机

当学生做了好事或学习有了进步时,他们需要教师在其他同学面前给予表扬,这时他们的心情就像考试后急于知道自己的分数一样迫切,教师如能善于利用,及时表扬,就能抓住教育的最佳良机。可是有的教师没有把握好时机,以致表扬之后,学生反而产生泄气的情绪,失去了应有的效果。

2.表扬应适度

运用表扬艺术,应注意基调的高低和次数的多少这两方面的问题。在基调高低方面,要讲究分寸,力求准确,实事求是,适度挖掘内涵。如果该高不高,就不能激励先进,发挥典型示范的效能。如果任意拔高,就会导致吹捧、华而不实等不良风气的产生,使得多数学生反感。在表扬多少方面,要慎重考虑。"物以稀为贵",次数偏多,不能起到积极作用。次数适度,才能使被表扬的学生产生自信心、自豪感、荣誉感,从而增强进取心,使未被表扬的同学产生羡慕、向往的心理,引发上进心。

3.表扬应真实

对学生的鼓励、赞赏、表扬必须建立在客观评价的基础上,不能无限度地夸大学生的优点。我们倡导表扬,但不是无原则的表扬。老师要真诚地纠正学生的错误,使学生明辨是非。也就是说表扬时一定要做到公正、合理、符合实际,要引导学生辩证地认识和评价自己,既不要妄自尊大,也不要妄自菲薄,否则可能会适得其反。

俄国教育家乌申斯基说过:"儿童憎恨的是任何时候也不能从他那里得到表扬和承认的老师。"作为教师,应当全面了解学生,时刻关心每个孩子的发展变化,要有一双锐利的眼睛,多表扬且善于运用表扬,让表扬的能量得到最大限度的释放。

二、批评

古人云:"人非圣贤,孰能无过。"学生在日常学习生活中难免不犯错误,因此作为一名人类灵魂的工程师——人民教师,也就总免不了要用批评这种方式来教育学生。而爱听表扬,不愿挨批评,这是所有人的共性,对于青少年来说更是如此。如果教师没有掌握批评的教育艺术,就会使学生产生抵触情绪,适得其反。因此,教师要善于灵活运用批评的艺术,把"忠言逆耳"变成"忠言顺耳",使学生乐于接受批评并勇于改正缺点错误。

批评是对学生的错误言行进行分析、评判和警告,使本人和他人不再发生类似的言行。批评也是一种正面教育,是帮助学生改正缺点错误,控制不良心理行为的一种必须的有效手段,也是教师在实施素质教育中常用的一种教育方法。它从反面肯定地强化了思想德育工作的要求,起着一种表扬无法替代的负强化作用。恰当的批评,不仅不会损害学生的自尊心、自信心,还能像表扬一样调动学生的积极性,鼓励学生积极向上,这就要求教师掌握科学的批评艺术,充分发挥其负强化作用。所以,只有充分了解学生各自不同的特点,把握一定的批评原则,采用恰当的方式方法,才能收到事半功倍的效果。

(一)批评的艺术

1.批评要公正。批评需要公正,公正是批评的原则。没有公正的批评,不仅不能达到批评的目的,反而会适得其反,引起对抗。因此,教师在批评时必须把解决具体问题作为根本目的,对事不对人、就事论事,表现出对学生的充分信任和真诚态度。只有这样才能有效地抑制情绪的扩大作用,减少学生的抵触情绪,取得批评的应有成效。另外,在批评时,教师还必须保证学生的申诉解释权利。"一言堂"式的批评只会带来学生的不满与对抗,这样也远远背离了批评教育的目的。

2. 批评要分场合。批评场合的不同,也常常会影响到批评的效果。一般来说,青少年学生都有较强的自尊心,他们十分重视自身在同龄群体中的形象,把同龄伙伴对自己的评价、态度看得比父母、师长的评价、态度更为重要,而且处在青春期的中学生还有着一种特殊的心理现象,这就是他们喜爱在异性面前表现自己,而不愿在他(她)们面前受到批评。所以,一个教师如果在同龄伙伴面前,对某个学生进行严厉批评,学生就会认为老师不给自己留面子,使自己在集体中的形象受到影响,于是他们就会固执起来。有些批评本来他们完全可以接受,而一旦在众多的同学面前,在公开场合中,他们就会拒不接受,甚至与老师发生争执、顶撞。所以,教师在批评学生时,特别是在批评一些年龄大的学生(尤其是女生)时,应注意避免在公开场合中,尽量多采用个别交谈的方式,这样便于学生接受。

3. 批评要注重情感交流。一些教师面对学生的缺点和错误,往往不够冷静,不善于控制自己的消极情绪,常常是大发雷霆,斥责怒骂,有的甚至体罚和变相体罚学生,这只能使学生产生反感,降低教师自身在学生心目中的威信,降低教育效果。这是我们必须尽力避免的。面对学生的错误,有时哪怕是令人十分气恼的事,教师也要沉着冷静,认真分析其产生根源,并思考教育的方法;时时控制住自身的消极情绪,在对其进行批评教育时,时时要流露出对他们的关心、爱护,让他们体会到老师批评的背后,有着一颗火热的心,也就是一颗爱心和期待他成才的心。正如苏联教育家苏霍姆林斯基所说:"批评的艺术在于严厉和善良的圆满结合,学生应该在教师的批评中,感受到的不仅是合乎情理的严厉,而且是对他充满人情味的关怀。"这位教育家还说:"在明智的批评中,总是包含着惊讶的意味'我们从来没有料到你会作出这样的行为,你比你自己用行动表现得要好些',这些话没有讲出来,可是一定在字里行间看得出来,正是在这里,蕴含着批评的艺术。"

4.批评要注意时机。"时机",是指具有时间性的有利的客观条件,无论干什么事,总要把握好时机,这样才能有成功的希望。所谓批评的时机,就是教育者针对学生的心理特点选择和运用最适合的方法和手段,在最有效、最易发生作用的时间里进行的批评。一般来说,批评与表扬一样,也以及时为好,这样可以及时地帮助学生认识错误、改正错误,因为错误还没有深入发展时,改正起来也就比较容易,而不是"时过境迁",事情已经过去了很久再提出批评。但是批评的时机也不是固定的,教育者要根据批评对象、性质等的不同来具体确定,有时就需要耐心,等待时机的到来,操之过急,反而会事与愿违,产生消极影响。所以,把握好时机,对于批评的效果会产生很大的影响,这是教师教育机智的表现。

5.批评要掌握分寸。做事总得有"度",超过了一定的"度",往往就会带来相反的作用。教师在批评时,必须掌握一定的分寸,这样才能有所收效。

首先,防止批评"过火"。不少教师在批评学生时,有时会脱离客观的实际,把学生身上的缺点和所犯错误有意识地进行夸张、渲染,以此想给学生以更大的刺激,促进其改正,殊不知,过火的批评、脱离实际的批评,反而会使学生产生反感,带来消极的作用。所以,每一个教师都应从客观实际出发,实事求是地指出学生身上的缺点和错误,并督促其改正。

其次,控制批评的惯性。在对学生的批评中,还存在着一种现象,这就是批评的惯性。一个差生由于其身上固有的一些缺点,给教师留下了不好的印象,这样不免就常常要受到批评,久而久之,教师就会形成一种心理定势,对他的批评也就会形成一种惯性,使得其时时总要受到批评,而表扬则与之无缘;有时他取得了进步,教师也会由于这种心理定势,而对此视而不见,不能给予肯定、赞扬;而有些确实与之无关的问题,却由于这种心理定势,而去批评他。这样只能使其对老师产生不信任感,因而教师对他的批评、教育也必然是无效的。

(二)批评方法

1.称赞优点——婉转式批评法

学生犯了错误,教师不要马上批评,尤其是对那些自尊心受到挫伤、丧失上进心的学生,批评根本起不了任何作用,教师先对学生优点、长处加以肯定并真诚地称赞一番,然后再把话题转到学生的缺点方面,这样,学生就比较容易接受,从而自觉改正缺点。这样既可以保护学生的自尊心,又可使学生改正缺点,还能让学生感觉到老师的公正。使用这种方法,要做深入细致的观察,从学生身上找到闪光点,一分为二地分析问题,表扬恰如其分,不夸大其词,也不轻描淡写。

例如:

夏某是一个班干部,工作积极负责,但上课爱讲话,班主任找他谈话,进行了批评:"你工作很负责任。""你比较关心集体,关心同学,乐于助人!""你平时作业能按时完成。"

夏某认真地听着,用信任的目光注视着老师,班主任把他的优点一一列举出来,再指出不足之处:"不过,你上课有时喜欢讲话,影响别的同学听课。如果能改正这个缺点,你的学习成绩会更好,同学们会更尊重你,这样,你将来一定会是一位受尊重的人。"自此以后,这个学生上课专心听讲,还主动兼任督纪委员,主动维持课堂纪律和教学秩序。

2.此时无声胜有声——暗示式批评法

暗示式的批评是指教师用语言、神态等为暗示手段的一种批评方式。面对学生的不良表现,教师沉默不语,就会给学生一种暗示。教师通过沉默,暗示学生的不良行为,让学生心领神会,接受批评,纠正自己的过错,这种批评可以达到"此时无声胜有声"的效果。这种批评主要适用于心细、敏感、能知错就改的学生,只要教师稍稍给其指责信号,略作点拨,他们就会立即改正错误。

例如:有一次,张老师走进教室,看到当天值日生扫地不彻底,在地上还有三三两两的纸屑,二话不说,拿起扫帚扫起在讲台附近的纸屑,然后才上课。谁知下课后那位值日生自觉地重新打扫教室。从此以后的值日生都非常认真地做好值日工作。后来,在那个学生的作业本中,张老师看到这样的文字:"老师的行动虽然无声,但比起有声的严厉批评更有力量。今后我们学生不认真负责,行吗?"这种暗示批评法,使学生很容易接受并取得良好的效果。

3.将心比心——分析式批评法

学生做错了事还不知道错,甚至自以为是,这都是从他自身角度去考虑问题,如果让学生对调一下位置来分析事理,将心比心为对方想想,就会明白自己不对了。

【案例】

有两个学生在夜深了还叽咕不休而影响别人睡觉,还因此与舍友吵架。班主任找到他们,他们认为对方先发脾气骂人,错在对方。这时班主任让他们将心比心分析一下事理:

"如果要睡觉的是你们,别人吵闹得使你们不能入睡,你会不会发脾气骂人?"

"会。"

"既然这样,他们发脾气骂人也情有可原。当然,如果他们先劝劝你们后再发脾气,也许会更好些!"

"老师,我们顶撞他们也不对,我们现在知道怎样做了。"

当天,听说他们就向舍友道歉,舍友也说当初不该先发脾气。从此,他们几个又和好如初。

4.宽容体贴——劝诫式批评法

学生在犯了错误以后,往往都会在心里暗暗自责或感到害怕。如果老师直接批评的话,他会以种种理由为自己辩护,拒不认错。如果老师宽容体贴,不批评而是劝诫他今后做事要多注意,争取不出乱子,他则会感到对不起老师而更加尊重老师。

总之,学生是教育的主体,教师的批评教育只有在学生主体的积极参与下才能充分发挥其功能。为此,我们每一个老师都应讲求批评的艺术。这样才能使学生认识错误、改正错误,从而达到教育学生的目的。

第二节 善于倾听 了解学生的心理动向

当代老师不仅要完成传道、授业、解惑的任务,更应该加强与学生间的沟通交流,成为一个合格的心理辅导员,承担起开展心理健康教育的新任务。

一、几种常见的心理问题及其应对方法

(一)焦虑型

焦虑状态常表现为长时间不间断地出现强烈的担心和烦躁的情绪体验。这些学生的内心总是烦躁不安,他们经常为小事抱怨父母、抱怨周围的环境,总是不高兴、不满意,并且感到精神紧张无法放松。总是无故地担心学业失败、人际关系不良或者害怕被老师批评、被同学嘲笑等等。

对于存在焦虑状态的学生,家长和老师应给以更多的关怀,使他们感受到集体的温暖,对于他们的微小进步要及时给以鼓励,使他们对自己更加有信心,心情更加放松,缓解焦虑。

(二)倦怠型

这类学生对什么事情都提不起兴趣,对周围的人和事物漠不关心,做事随心所欲,精神倦怠,十分散漫。

对于这样的孩子,老师应当先了解其家庭和个人情况,找到症结,对症施治。有的孩子可能因为以前与自己的某个老师或某个同学发生过

严重的冲突,自尊心受到伤害,产生了心理阴影或障碍;有的可能因为家庭原因,由于缺少应有的家庭温暖,对身边所有的事情都不感兴趣。老师们应当从问题的根源入手,与这些孩子进行单独的交流,帮助他们走出困境。

（三）品行问题

国内有关调查显示,品行问题以 13 岁年龄组为最高,约 2.24%。常见的问题有攻击性行为、破坏性行为、违抗性行为、说谎、偷窃、逃学或离家出走等等。这类学生正处在品行问题高发的时期,自我控制能力较差,缺乏明辨是非好坏的能力,对自己的品行是否得当认识不明确;再加上家庭教育的缺失,往往会在品行上出现各种各样的问题。

品行问题的纠正比较困难,往往治标不治本。但作为教师,应当对出现品行问题的孩子进行耐心的教育,把事情的严重性跟他们谈清楚,并时刻关注他们的行为,慢慢纠正。

（四）情绪不稳定

某些学生的情绪易随外界环境的变化而发生剧烈变化,比如遇到当了班干部、考试成绩好等高兴的事情时,往往兴奋不已,手舞足蹈;当学习成绩下降或受到老师批评时,又表现出悲观低落的情绪。而对于这些情绪,他们往往不能够自我调控,于是学习成绩随之降低,个人在老师和同学心目中的形象也会受到影响。

这类孩子很多都是性格脾气所致,他们不懂得调控自己的情绪,无法保持心理的平衡。对此,老师和家长应积极劝导,让学生慢慢学着对自己的情绪进行克制,逐步改善这种状况。

（五）人际关系不良

现在的孩子大多是独生子女,从小以自我为中心,缺少与周围的人积极交往的经验和经历。比较好的孩子乐观开朗,喜欢结交朋友,互相倾诉心事;而另外一部分孩子则仍旧生活在自我的狭小圈子里,从不捣乱,也从不多说话,他们孤独自我,缺少可以真诚交流的好朋友。这些学生给人的感觉往往是缺乏热情和耐心,孤僻、不合群,有的甚至喜欢强词夺理,爱发脾气、经常骂人等等。

其实这样的孩子很多都是渴望与别人交流的,他们内心比较封闭,常常有孤独感,他们也希望像其他人一样快乐地生活。但他们往往仅限于想一想,却不敢走出自我的小圈子,去接纳别人。克服这个问题,需要老师多与他们谈心,鼓励他们与周围的同学交流,并为他们创造更多的机会。只要他们能够成功迈出第一步,就一定能够交到很多好朋友。

二、小学生心理问题产生的原因

随着社会的飞速发展,价值观念日趋多元化,社会竞争不断加剧,人际关系也越来越复杂。这些都对涉世未深的小学生产生着或大或小的影响。

另外,小学生正处在青春期,身体和心理都在发生着急剧的变化,正是世界观、人生观、价值观形成的时期,可塑性较强,容易受到外界的干扰。

上述因素共同作用,最终导致学生们的心理疾病和心理问题日趋突出。

三、心理健康的衡量标准

根据当前对小学生心理健康的衡量标准,一个心理健康的学生,应当符合以下几个基本条件:

1.行为符合常规,不做出格的事情,能进行正常的学习、劳动和生活,能在教师的指导下完成规定的学习任务。

2.能和周围的人保持良好的人际关系。自己能够理解别人,别人也能理解他。在学习和生活中都有能够真诚相待的朋友,不感到孤独,在集体中受到多数人的欢迎。

3.具有良好而稳定的情绪状态,对外界情况的反应适中,既不过分强烈,也不会麻木不仁。

4.日常行为符合初中生的身份,对人、对事、对物均有一个相对稳定的评价标准和认知态度,且行为能够为大多数人所接受。

在平时的教学和班级管理过程中,教师要善于发现和认真分析学生行为上的异常表现,找准心理症结,采取有效措施加以缓解和调控,避免心理矛盾加剧。对少数心理问题突出的学生,要平等对待,用耐心去教育和感化他们。

四、加强小学生心理健康教育

(一)营造氛围真诚沟通

积极引导学生倾诉真情。教师在教学过程中,与学生之间有一个"交流本",可以把不方便说的话写在上面,进行单线交流。"交流本"给学生们提供了一个内心交流的良好场所,在交流中,教师要积极引导学生说真话、吐真心、诉真情,体会情感交流带来的满足感。

不仅有私下的交流,在课堂上还有心理交流活动。在教学过程中,积极引导学生发表自己的见解,鼓励学生"只要你能说就是最棒的!",小学生天真活泼,乐于接受鼓励,能大胆地和老师、同学交流,有的同学甚至还会把心中的秘密告诉大家。

(二)自身要有健康的心理状态

几乎所有的孩子在成长过程中都会因教师的影响在心理上留下深深的痕迹。因而教师良好的职业道德和健康的心理是儿童心理健康的前提。教师良好的心态,对学生的充分尊重、理解、宽容,能建立和谐平等的师生关系,创造宽松愉快的学习氛围,减轻学生的心理负担,使学生健康发展。

(三)热爱学生,认可和尊重学生的人格和地位

具体作法是:

1.了解、关心每一位学生,要善于在日常的学习生活中以敏锐的洞察力,透过学生的各种表现和细微变化,准确分析判断学生的思想活动。

2.要有一种循循善诱,诲人不倦的精神。教师对学生不能歧视、讽刺、辱骂学生、伤害学生的自尊心,使学生产生对立情绪,关闭接受教育的心灵之门。学生在成长过程中,由于种种原因,可能会出现这样或那样的缺点,这时需要教师循循善诱,耐心开导,热情关怀,诲人不倦。

【案例】

小于,女,10岁,是我所教班上的一个学生,两年前,从外地转来的。虽然也善言谈,但和同学关系一般,班上无论男同学还是女同学都不喜欢她。平时在课堂上,她注意力涣散,自控能力较弱,不自信,学习成绩差。学校遇到的难题和回家作业,都依赖父母教她。

开学一段时间以来,几次测验后,发现她的成绩明显下滑,去年一年下来,她的成绩不能说好,但是维持在中等或者以上,而现在,退步到班级最差的了,竟然不及格。经过一段时间的课余辅导,成效不大。

应对方法:

1.经常谈心,帮助她和同学建立起良好的关系。利用一些课余时间,我会经常与她交流,使她能感受到在学校有老师的关怀。

2.与家长沟通,找到正确辅导她学习的方式。利用面谈、电话访谈的形式,我和她的父母进行了很好的沟通,她的父母也认识到了他们在辅导孩子时所存在的问题,此后,不再是全盘讲解,而是有耐心地、启发性地辅导女儿,并且能够做到循序渐进,遇到难题,渐渐地放手让女儿自己做。

效果:

如今的小于,和同学的关系变得融洽了许多,她也变得开朗起来,由于她变得开心快乐了,不再哭鼻子了,所以同学们都愿意和她交朋友,和她一起玩。学习上她变得积极主动起来,也肯用功了,成绩虽然不是特别突出,但相比她开学那段时间已经有了很大的进步。

第三节　互相学习　争取做到教学相长

一、教学相长的内涵

"教学相长"首次见之于《学记》。《学记》中这样写道："虽有嘉肴,弗食,不知其旨也;虽有至道,弗学,不知其善也。是故学然后知不足,教然后知困。知不足,然后能自反也;知困,然后能自强也。故曰:教学相长也。"意思是,虽然烧了好菜不经过品尝就领会不到它的美味;虽然有深远的道理,不经过学习钻研就领会不到它的奥秘。所以说,只有经过学习实践,才会发现自己的知识水平不够;只有经过教学实践,才会发现自己有不懂的地方。懂得不够,便能督促自己去加紧学习;懂得不深,便能鞭策自己去努力进修。所以说,教与学是相互促进、相辅相成的。在这里"教学相长"仅指教的一方以教为学,说明教师本身的学习是一种学习,教导他人的过程更是一种学习,这两种不同形式的学习相互推动,使教师不断进步。

教学相长的规律要求教师注意向自己的教育对象学习。教师尽管是闻道在先,但终究不可能是尽善尽美的。何况时代发展至今日,学生从多渠道接受着知识信息,发展中各有所长。教师就更加需要了解自己的学生,从学生中汲取智慧。同时,教师以虚心学习的态度对待学生,是发展师生关系的有利因素,使师生关系更加融洽,也给学生在学会处理人际关系方面以良好影响。

二、教学相长的师生关系的特点

1.平等和谐的人际关系

教师要主动地深入学生、经常地接触学生、广泛地了解学生、诚心地与学生沟通,就可以全面深刻地理解学生。了解学生在不同的时期遇到的困难,如学习方法,学习效率的提高问题,有的放矢地给予帮助。教师不仅要在学习上帮助学生,在生活上更要给予足够的关心和照顾,营造出一种民主平等的师生关系。这样,学生自然就会觉得教师可亲可敬,从内心认可你、接受你、乐于接近你。在这种轻松友好的氛围中,教师就容易掌握学生的个性,把握学生的思想动态,从而能更好地教育学生、积极地影响学生,充分发挥教师的教育作用,提高教书育人的质量。

2. 协商共享的伙伴关系

传统教学中,教师是中心,学生听从教师的安排,学生既无承担意识,又无责任感,更无主动性可言,师生之间不可能进行协商,共同解决问题。而协商共享的伙伴关系,教师不强制学生接受,师生共同参与问题的解决,双方积极合作,成为攻克知识堡垒的战友。

协商共享的师生关系,一方面,它改变直接把结论告诉学生的做法。教师要十分熟悉他所教的学科,并将相关的知识内化到自己的经验和人格之中,精心设计一些问题,组织学生进行讨论,激发他们积极思考,并耐心地聆听他人发言,思考其合理性和局限性,最终形成自己的观点。另一方面,每个参与者都有自己的经验世界,从而对某种问题形成不同的假设和推论,在师生、生生的合作互动中,理清思路并表达自己的见解,学会接纳、赞赏、争辩、反思和批判,师生协商合作,共享成果。

3. 相互合作的组织关系

新的教学理念强调:教师是学生学习的合作者。众所周知,教学过程是师生交往、共同发展的互动过程。交往就意味着人人参与,意味着平等对话。教师由居高临下的权威转向"平等中的首席"。合作学习,使师生变成了伙伴关系,学生头脑灵活,接受新的信息快,不会受经验的左右,有开拓创新精神;教师的知识渊博,有丰富的阅历和实践经验,师生可以取长补短,教师必须寻求和学生一道共同发展,真正做到教学相长,力求双赢。师生相互合作,培养学生的学习能力。合作,意味着尊重,意味着交流,更意味着民主平等的师生关系。课堂教学中的师生合作,就是教师走下讲台,置身于学生中间,与学生"打成一片"。

第十一讲　重视与学生家长的沟通与交流

教师与家长的沟通,直接影响着孩子的成长,也影响到教师的工作、班级的管理乃至整个学校的运作,因此,要获取预期的教育效果,不仅仅要孩子"亲其师,信其道",还要运用各种方式与家长沟通,要家长也"亲孩子之师,信孩子之师之道。"

第一节　建立定期与学生家长沟通的体制

家校联系是教师与家长互相交流沟通,了解、研究、促进学生健康成长的重要途径,也是增强教师与家长相互理解与信任、融合关系、改进和提高教育质量的重要措施。为了进一步密切教师与家长间的联系,应建立教师与家长定期沟通制度。

一、沟通内容

1. 向家长反馈学生在校的学习、生活、纪律、思想品德等情况,让家长真正地了解学生在校的表现。

2. 向家长了解学生的家庭状况、成长环境及在家的思想状况、学习习惯、生活习惯和个性特征等。

3. 交流家校在教育过程中采用的方法、形式以及总结推荐其成功的经验,争取家长的理解与配合。

4. 征求家长对教师、学校教育教学活动、学校管理等方面的意见和建议。

二、沟通原则

1.普遍性原则。教育要面向全体学生,需要教师对每个学生倾注自己全部的情和爱,要深入到全体学生中去。因此要确保每位教师与每个所教学生家长每学期有两次以上沟通交流机会。

2.主动性原则。教师要将了解到的学生情况积极主动地与家长联系,以便及时沟通,及时商定对策。

3.经常性原则。沟通应定期性、经常性进行,适时地通报学生在校学习情况,了解学生在家表现,及时发现问题,解决问题,持之以恒。

4.科学性原则。沟通时要讲究技巧,讲究艺术,用真心去关怀,用耐心去教育,用精心去指导,用恒心去坚持,以期达到最佳效果。

三、沟通形式

(一)家访

家访即家庭访问,是教师与家长联系的经常性的重要工作,是加强学校教育与家庭教育相结合的重要途径。通过家访可以争取家长对学生教育工作的支持和配合,从而提高教育质量。几年来的实践证明,高度重视家访工作,注重家访技巧,是搞好班集体建设的重要保证。

教师家访艺术:

(1)家访目的明确,内容真实具体

家访的作用在于了解反映学生情况,争取家长的配合,使学校教育与家庭教育得以结合起来,搞好教育工作。这就要求家访的目的要明确,要做好充分的准备,内容要具体且真实。

【案例】

学生王某,独生子,学习动力不足,懒散,经了解,其父母曾经言及已想方设法解决其毕业升学问题,致使该生自以为是,抱有坐享其成心理,不求上进。了解这些情况后,班主任便主动到其家进行家访,谈及其中利弊,以该生表现为依据,切中要害地指出小学升初中制度不允许父母包办这种做法的存在,同时也直言指出家长对其子女的消极影响。经过双方分析,达成共识。在双方的共同努力下,该生的学习意识增强,深刻体会到"要想成功,需要经过自己的辛勤劳动和加倍的努力",最终该生考上重点初中。

(2)谈话讲究艺术,力求做到"三忌三宜"

家访时的谈话是指通过教育者与受教育者之间的亲切交谈达到说服目的的方法,它是了解学生的重要方法,通过谈话可以更有意识地、主动地探索学生的情况及其内心活动。谈话要有目的、有准备、更要讲究技巧。其一,宜多鼓励,忌多批评。鼓励是一种有效的谈话方式,通过鼓励可以激发学生的积极性和自主性,克服困难,增强学生奋发进取的信心,当然鼓励也要适可而止,避免学生产生骄傲自满、沾沾自喜的情绪。同样,批评对于有问题的学生也是应该的,但应注意分寸,以免挫伤学生的自尊心,产生逆反心理,适得其反。其二,宜全面忌片面,教育是双向的,谈话同样是双向性活动,要注意彼此间的相互联系。这要求谈话时,双方都要正视问题,特别是教育者不要单纯指责学生的过错,甚至借机"告状",推卸责任。对于谈话的内容更应一分为二,抓住问题的关键,做到晓之以理,方可使学生信服。对于学生家长,应听取他们的意见,与他们达成共识,切忌各执一词,互相责怪。其三,宜多启发,忌武断妄下结论。谈话就是要通过亲切的交谈,使双方在和睦的气氛中充分认识问题,解决问题。

为此教育者应该加以正确引导,启发学生说出心里话,对症下药,在尊重事实的基础上,切实解决学生存在的问题。

(3)学生在场原则

所谓学生在场原则是指家访时应让学生在场,家长、教师、学生在一种温和、平等、轻松的气氛中"三方对话",使学生接受教育。这样,既可增强师生之间的信任,消除不必要的疑虑,又可以给学生讲话的机会,有利于消除消极因素,保证意见的准确性和教育措施的切实性。

【案例】

学生刘某父母在外地,其因表现差,被定为后进生。其父母甚为担心,各方教育的效果不佳。班主任于是专门约其父母回来交换意见,让学生在场,将其表现细加分析,指出改正可行方案,鼓励其进步。经"三方对话"后效果有所好转,再辅以平时的教导,终于取得成效,该生思想品德表现较好,学习成绩亦有所提高。

(二)家长校访

家长主动到学校与教师交流学生学习与生活情况。

(三)电访

教师通过电话的形式,与家长针对学生的情况进行交流。

教师还要建立一本家校联系通讯录,以备不时之需。现代社会,大多数家长事务繁忙,如果要及时与家长取得联系,必须保持电话联系。很多家长由于工作的原因,再加上孩子住校,与自己的孩子见面机会很少,有些学生甚至一年才见到父母一两次。所以,学生在校的学习情况和思想动态,有些家长无从知晓。而教师与家长的电话联系是家长掌握自己孩子情况的一个重要纽带。

【案例】

张某,在家长眼里一直是个"乖孩子",所以父母对他很放心。没想到这个学期他迷恋上玩电脑游戏,成绩直线下滑。班主任及时通知了家长,家长马上从外地赶回来,帮忙教育、监督,张某总算恢复到原来样子。

(四)家长会与家长接待日

一学期一次的家长会必不可少,家长会上,教师除了告诉家长学生成绩之外,还可以总结学生一学期的德育情况。家长会虽好,但间隔时间较长,所以可设立若干家长接待日。具体操作是:教师根据自己的工作实际,以周为单位,确定家长接待日的具体时间、地点;在第一次家长会上,将家长分成若干个小组,以每个接待日接待一个小组计,定出一学期家长接待日的时间表,家长人手一份;要求家长按时间表到学校与班主任见面,交流孩子的情况。每个家长接待日,教师要认真备好和家长交流的内容,一定要让每个家长都能有所收获,只有这样,家长才会坚持到会,并认真对待与班主任的沟通交流。

教师开家长会的艺术:

1. 做好充分的准备工作

(1)确定家长会的主题

开家长会要有明确的主题,切忌胡子眉毛一把抓,从集体到学习,从文娱到劳动,看似面面俱到,家长听了,如过耳之风,什么也没明确。因此每一次家长会必须有鲜明的主题,要有特色,避免每一次家长会都千篇一律,老师多次重复之无物,家长听之无味甚至丧失参加家长会的兴趣和积极性。当然,要明确主题并不是说只谈主题性问题。

(2)做好通知工作

通常家长会是在特定时间内召开的,能否确保家长全部及时出席对于家长会是否能够达到预期的目的具有极其重要的意义。为此,必须将要召开家长会的信息提前通知给家长。可将要召开家长会的内容、时间、地点、本次家长会的特殊意义及要求家长提前准备的工作通过邀请书的形式由学生带给家长。为保证邀请书能够及时送达家长手中,可要求学生将家长签字的回执带回学校。对于某些特殊的学生,可直接打电话以适当的形式通知家长。为避免有的家长忘记,在家长会前夕要求学生再次提醒家长。总之,要通过认真、细致、科学的通知方式,让家长明确参加家长会的重要性,消除疑虑,做好各种物质和时间上的准备,确保全体家长能够及时全部到齐。

(3)准备好各种材料

通常在召开家长会的时候,学校班级都会向家长印发一些家教材料,对此学校班主任老师必须提前做好准备。为充分了解学生的需要,有时还需要准备好一定的调查问卷。为进一步取得家长对学校及班级管理工作的关注和支持,有时还需要准备一定的收集家长意见和建议的材料。

(4)收集好各项信息

家长会是一个家长、班主任老师进行沟通的重要渠道。为此,班主任有必要收集好各项信息。如整理每个学生的成绩信息,如整体学习成绩、优势劣势学科等;向各任课教师了解每个学生在学科学习中的表现和发展潜能;能用规范的语言对学生进行整体性的评价;了解家长的文化水平、职业、家庭成员及经济状况。只有这样,才能确保班主任老师在与每一位家长交谈时有针对性的谈话,增强家长由于自己的孩子受到关注的自豪感和对老师的信任感。同时,班主任老师才能够根据各家长的特点用适当的谈话方式和方法,增强工作的针对性和有效性。

(5)其他各项准备工作

如确定家长会的各项程序,召集好各任课老师,安排好有关发言的学生和家长,安排好打扫和装饰教室的学生,必要时预约好有关专家等。

2.家长会要有充实的内容

要想让家长会对家长有吸引力,开得有价值,家长会必须有充实的内容。

(1)家长会要让家长有看的内容

家长都非常关心自己的孩子在学校的成绩和表现。为此,可将学生的作业本、课前演讲的资料、课外活动的成绩有针对性地展示给家长,同时,精心制作教室后面的宣传板,展示学生风采和班级良好的精神面貌。同时,可将班级优秀学生的成绩和成果展示给广大家长,以增强家长对班级的自豪感和信任感。但一定要教育广大家长特别是成绩暂时不理想的学生家长对学生的各项成绩有一个科学的态度,并教给他们科学的教育方法。切忌把家长会开成告状会。

(2)家长会要让家长有听的内容

让学生代表谈谈学生的心理特征。他们在想些什么,他们关心什么,他们有何兴趣爱好,他们对家长有哪些要求等,启发家长反思自己的家教行为;让成绩及各方面表现优秀的学生谈自己的学习方法及家长的教育方法,让家长明确孩子应该学习的目标和方向;让一些优秀学生的家长谈自己的家教方法启发其他家长吸取科学的家教方法;让各任课老师讲有关学科的特点和学习方法增强家长对老师教学方法和方式的理解、增强家长对学生具体学科学习的正确认识;通过班主任的各项介绍及建议,增强家长对班集体及班主任的了解,理解并信任班主任的各项工作,特别是通过班主任及有关专家的家教培训,使家长走出家庭教育的误区,使他们逐渐学会科学的家教形式和方法,充分发挥家庭教育的有效作用。

(3)家长会要让家长有事可做

可让家长填写有关学生性格、爱好、身体状况、家庭经济状况等有关学生信息的调查表(第一次家长会);可让家长填写学生近期在家表现的调查表;可让家长填写家长对学生教育方面困惑的问题调查表;可让家长填写对学校或班级工作的意见和建议表等。有时还要在会后给家长布置这样的作业:给孩子写一封有关回顾孩子光荣历史,对孩子未来期盼等方面的信。

3.召开家长会应注意的问题

(1)注重对家长进行家教方面的方法指导

老师要指导家长学会爱子女。家长爱子女天经地义,这也是中华民族的传统美德。但必须使家长明白:爱的缺乏和过度的爱,都会对子女的教育产生极为不利的影响和后果。家长对子女的爱必须有理智,有分寸。只有这样,爱才能转变成为对子女伟大的教育力量,才能发挥爱特有的教育功效。

老师要指导家长对子女的期望水平适中。要让每个家长都知道孩子走向社会,成为普通人的居多,是小草就让其点缀大地,是大树就让其成为栋梁。如果脱离子女的实际水平,一味追求高水平的期望并不现实。

老师要指导家长对孩子的困惑、缺点和不足采取科学的态度,采取科学的疏导和帮助方法。可向家长推荐一些家教方面的好文章、好书和一些好的教育网站。

(2)对学生要多表扬少批评

尤其在公开场合不能说自己的班级很差,更不能明说某某学生不好。家长对班级和孩子的信心是非常重要的。

(3)不要发牢骚

班主任在班级管理中总会遇到这样那样的困难,甚至会对学校和某些家长有这样那样的委屈和不满,但作为教育工作者,无论如何都不能把这种委屈和不满以牢骚的形式发泄出来。这样不仅会影响班主任自身的形象和威望,甚至会影响到家长对学校的评价和信任。当然,班主任可以把自己遇到的困难和问题诚恳地表达出来,以获得家长的理解和支持。但班主任一定要表现出对未来工作的信心和决心。

(4)注重谈话技巧,力求和谐融洽

家长会上教师一定要注重谈话技巧,切忌语言生硬、态度死板。教师说话要谦虚有礼,不要信口开河;态度要平易近人,不要盛气凌人;语调要和蔼可亲,不要趾高气扬;举止要文明大方,不要目空一切。这样才能融化隔在学生、老师和家长之间的那些冰山。家长从中也能直接获得对老师,特别是对班主任的感性印象(如工作态度、工作能力、教育风格、师德修养等等),这将直接或间接影响会后的教育教学工作。回答家长问题时要耐心,做到实事求是,不夸大,不掩饰。对学生的优点要充分肯定,语气要舒缓、亲切,让家长感到老师对他们子女的关心。对学生的缺点错误,不要"告状",而应严肃指出后果,积极地帮助家长分析学生犯错误的原因,提出矫正的措施和意见,使家长感觉到学校对所有学生一视同仁,甚至对后进生更为关心,于是家长能够放心,并乐于配合校方做好工作。对学生的优点要"放大",对学生的缺点要"缩小",多赞扬,少批评,更不要随意给家长"告状",一般不要把学生的"隐私"告诉家长。"告状"的班主任会失去学生的信任,次数多了,家长也会认为你无能。

（五）充分利用现代通信手段，及时与家长沟通

班主任可与家长建立飞信，让飞信建起家校沟通的"彩虹桥"，还可将教师的电子邮箱、信箱告诉每位家长，以便于家长通过不同方式提出建议，反映问题。如：某小学教师几乎每天都将当天作业用飞信发给家长，使家长能够有针对性地指导和监督孩子在家学习和完成作业，有效根除了个别学生欺瞒家长没有作业的现象。另外，她还将学校或班级要开展的活动、希望家长对孩子参与活动提供哪些协助——告知家长，保证了本班活动的质量。

第二节　掌握与学生家长沟通的技巧

如何与家长进行有效的沟通，引导和帮助形形色色的家长共同担当起教育孩子的责任，这就要求教师掌握与学生家长的沟通技巧，并结合不同的家长的特点制定不同的沟通策略，以使更多的家长更有效地参与到教师的教育教学工作中来。

一、教师与学生家长沟通技巧

尊重家长、与家长建立平等融洽的关系，是保证与家长顺利交流的必要条件。尽管在教师与家长的关系中，教师起主导作用，但双方在人格上是完全平等的，教师要想得到家长的支持，就要以一种真诚的态度去对待所有的家长，将家长视为朋友，尊重家长，听取家长的建议，乐意与家长交谈，那么教师与家长的关系就会比较融洽。比如说新学期你即将带一个新的班级，就像和陌生人打交道一样，和新生家长初次接触，老师给他们的印象很重要，这时如果你拥有热情友好、亲切温和的态度，将会给家长留下"好相处"的印象，同时他们也会通过你传达出的友好信息，揣测老师将来会用怎样的态度对待自己的孩子，这些都会成为今后教师、家长长时间相处、交流的感情基础。那么这种平等融洽的态度怎么营造呢？

第一，要讲究语言的艺术。例如，采用平等谈话法，"您好！请坐。

认识您很高兴,谢谢您能过来和我一起探讨孩子的问题。每个父母都希望自己的孩子能健康成长,我的心情同您一样。这个年龄段的孩子出这样的问题是正常的,希望您和我一起对孩子进行教育……""请家长不要着急,孩子偶尔犯错误是难免的。我和您一样,都是为孩子好,您有什么想法,我们坐下来慢慢谈。"

第二,学会"微笑"。微笑是一张名片,微笑的老师具有亲和力,在和家长交流时,一个友好的微笑和礼貌地点头,都能使交流、理解在良好的气氛下进行。

第三,学会"礼仪",比如说和家长交谈时要用眼睛注视对方,并且要和他们平视,也就是要站起来或者让家长坐下来和你对话;在迎接小朋友或是和小朋友告别时,主动回应孩子和家长,等等。

第四,注重形象。老师得体的穿着也是对家长的尊重。穿着得体、大方的教师总是能得到家长更多的好评。教师切忌打扮得过于时尚和另类,否则会给家长带来不稳重、不可靠的感觉,随之而来的就是家长对老师的不信任。只有建立了这样一种平等、尊重的情感氛围,才能有利于老师和家长之间理解和信任的建立。反之,如果老师以居高临下的态度与家长沟通,就只会出现僵局。

二、不同家长采取不同沟通方式

教师与家长的沟通是一种艺术,也是一种超越知识的智慧。它需要教师根据不同的家长,结合实际,采取灵活多样的方法,使双方在沟通过程中达成共识,互相配合,共同做好孩子的教育工作。可以区分不同家长情况采取以下五种方法来沟通,以此说服家长,让家长围绕自己既定的教学目标来做工作。

1.坦诚相待法。知识型的家长与同是知识分子的老师容易沟通,因此对他们一般不需遮遮掩掩,可以如实反映情况,主动请他们先提出教育的措施和处理的意见,老师要认真倾听。这类家长一般来讲比较注重对孩子的教育,他们观察自己孩子的表现经常比老师还要深入、细致、具体,作为教师应虚心听取他们的建议。

2.欲抑先扬法。对于溺爱型的家长,一般见面都要先肯定学生的长处,对学生好的一面给予肯定,不管孩子多调皮,他们身上总会有一些闪光点,尤其是对于那些溺爱型的家长,他们眼中的孩子总是优秀的,容不得别人说孩子的不是,哪怕是老师也不能轻易说孩子的缺点。基于此,教师要充分尊重学生家长的感情,肯定孩子的长处,再用恳切的语言向家长反映情况,指出学生存在的问题,家长就会乐于接受。

3.和风细雨法。脾气暴躁型的家长往往文化程度不太高,"恨铁不成钢",学生一出现毛病,他们常常不加以分析就拳脚相向。与这类家长沟通要采用和风细雨的交谈方式,让他们知道:老师请家长到学校来并不是希望给自己的学生招来一顿皮肉之苦,更不是为了让家长为教师受的委屈出气,而是为了帮助学生尽快认识和改正自己的缺点错误,希望得到家长的配合,齐抓共管,共同教育学生。如果家长不分青红皂白,把孩子打一顿,既没使孩子认识到错在哪里,怎样改正,又可能加深师生间的隔阂,使孩子对教师极为反感,这样就适得其反了。

4.激发预期法。在客观现实中,确实有一部分孩子对学习不感兴趣,人们习惯称之为"学困生",因而也就产生了一些放任不管型家长。对此,教师不要求全责备,而是要帮家长客观分析,说明"条条道路通北京",不走读书的独木桥也可,但只要让孩子学会守纪律、尊重他人、保持积极向上心态、注重其他爱好的培养,孩子未来也是一片光明。总之,使家长认识到每个学生都有自己的发展前途,以此激发家长对孩子的爱心和预期,主动参与到孩子的教育活动中来。

5.循循善诱法。对于气势汹汹的家长,教师不要跟着热血冲头,要沉得住气,认真倾听,以理服人。碰到此类家长,最有效的做法就是面带微笑,即使面对家长的指责时,也要克制自己的怨气,不和家长争执,更不要挖苦讽刺学生而伤及家长,在倾听中找到家长不冷静的原因,及时安抚、解释、化解、消除误解和矛盾,然后将家长的思路牵引到自己的思路上来。

【案例】

常老师家访

王鑫,活泼好动,是全年级出了名的捣蛋鬼。开学没多久,就常有科任老师和学生向我告状,说他上课常常说话、吃东西,下课取笑捉弄同学,甚至还躲在厕所抽烟。我气坏了,想马上把他找来狠狠收拾一顿,可是理智告诉我不可以冲动行事,要"动之以情、晓之以理"。于是我在一个星期日的下午,提出要和他一起去他家。当时他坚决反对:"老师,我犯错误你打我骂我,怎么都行,就是别上我家去。"他的话让我感到有一些隐情。经过我耐心开导,他终于说出其中原委,原来以往老师家访都会告一通状,导致爸爸对他的一顿毒打,有时甚至还让他跪一宿。我明白了,原来他是怕我告状。于是我向他保证不会告状,他才将信将疑地把我带到他家中。到家后,他父亲跟我打了声招呼,就火冒三丈,大声呵斥他,看这架势,我连忙把他拉过来,对他父亲说:"我眼中的王鑫可不是你说的那样,他爱劳动,有活力,还在作文里写他要好好学习,对得起父母。"他母亲听了我的话高兴极了,他父亲也感到一些异样,气也消了很多。见此情状,我又趁热打铁对他们说:"孩子有毛病是正常的,大人都偶尔会犯错误,又怎能苛求孩子尽善尽美呢?父母和老师,要及时捕捉孩子的闪光点,让孩子先对自己有信心,然后才能成功,是不是?"我的一番话让他父母频频点头。

这次家访以后,我又对他进行了几次家访,在一次次深入了解他的过程中,耐心教导他,引领他走出误区,现在的他与以前判若两人,学习劲头很足,和同学和睦相处,深得老师和同学们的喜爱。最让我欣慰的是,他的父母也渐渐和孩子有了正常健康的交流。在我用心去呼唤学生心灵的同时,也用爱唤醒了学生家长的责任意识,而作为沟通桥梁的家访则更是具有其他教育方式不可比拟的优越性。

第十二讲　建立科学合理的考评体系

合理的考评,从某种程度上讲是为了调动学生学习的积极性,使学生看到自己的进步,发现自己的学习能力与潜力,从而促进学生学习成绩的进步。

第一节　科学留置学生课外作业

学生作业是一种有目的、有指导、有组织的学习活动,它是教学的一个很重要的环节,优质的作业有助于学生所学知识的巩固、深化,有利于学生智力和创造才能的开发。所以科学地留置作业无论从哪个角度来说都显得尤为重要。

一、教师科学留置课外作业艺术

首先,教师应认识到课外作业对学生学业及身心健康发展的重要性。课外作业的直接目的在于巩固所学内容,它有利于学生巩固、消化和运用课堂上所学的知识,形成技能技巧,发展智力。"学而时习之",教师在上课中所授予学生的基础知识、基本技能,只有通过学生独立作业,经过他们独立思考与动手操作才能被他们消化、掌握和巩固,否则,教学成效甚微。国外有关研究表明,适量的课外作业对各年级学生的学习成绩都有一定益处,科学和合理地布置家庭作业,有助于训练学生思维,开发学生智力,而且随着年级升高,课外作业对学习成绩的影响越来越大;并且,课外作业的布置还有利于形成学生的积极主动性和责任感——学生取得学习进步不可缺少的关键品质,有利于实现自己及父母和公众对他们的期望,有利于帮助学生形成日后取得好成绩所必须的学习技能等。此外,课外作业还有利于培养和提高学生的自学能力、动手能力和创造力，它能充分激发学生的聪明才智，使其创造性地思考问题，这与素质教育的实施方向是根本一致的。再者，课外作业因其便于因材施教，还有利于充分发展学生的兴趣、爱好和特长，使学生乐学、志学，学有成就。

其次，课外作业的布置要精心设计，提高质量，分量适当，难易适度。由于受传统应试教育的影响，过去我国小学无论年级高低，都要给学生布置大量的书面作业，且大都单调重复，量高质低，使学生身心不堪其累。如今，在素质教育条件下，教师在布置作业前一定要精心设计，作业的内容必须符合教学大纲和教科书的要求，且质量要高，要有代表性，使每项作业都是为学生知识的巩固、技能的训练服务。另外，作业的分量要适当，要严格遵守国家的有关规定，小学一、二年级一般不留书面家庭作业，三年级以上每天作业量一般不超过 1 小时，还要做到难易适当，让大多数学生经过一定努力能够独立完成。要坚决反对教师对作业布置随心所欲，盲目地不负责任的做法，还要坚决杜绝"题海战术"和用作业惩罚学生的错误做法，保护小学生的身心健康。

第三，课外作业的布置形式要灵活多样，注重培养学生的动手实践能力。教师在布置作业时，要根据不同学科的教学要求，还要考虑学生的实际水平，灵活地确定作业的内容与形式。教师既可以用书面作业的形式，让学生进行书面答问、演算习题和作文等，又可以用口头作业的形式让学生进行朗读、背诵、口头问答练习，还可以让学生以实践活动作业的形式，进行一些有目的的观察、实验、实地测量、参观调查等练习。而目前我国小学生的课外作业，则基本上是繁重枯燥的书面练习，如一课生字写几十遍，一篇课文抄四五遍等，使学生不胜其苦。如今，有的教师认为素质教育就是不布置或少布置作业，于是干脆取消作业，这其实是对素质教育与国家有关规定的误解，因为在他们心目中把作业与书面形式的作业混为一谈了。凡事不可绝对，作业或过量或取消，都是不可取的错误做法。儿童时期正是长知识、长身体的关键时期，每个孩子对世界都充满了好奇心与探究心,因此,书面作业可因年级高低不布置或少布置,但口头作业,尤其是实践活动形式的作业,小学一、二年级也有布置的必要。让小学生们到大自然中去观察、去做一些科学小实验,去采集动、植物标本,去了解当地的环境污染情况等,这种既动脑又动手的活动不仅拓宽了儿童的知识视野,而且更有利于儿童动手实践能力的培养,使他们更好地适应未来社会的要求。

第四,课外作业的布置要有个性化,要让每个学生都能体验到成功的喜悦。在学生的各科学习中,学生的学习基础、接受能力和学习兴趣等方面都存在着很大的差异,因此课外作业的布置必须贯彻因材施教的原则,在作业的难度和数量上提出相应的不同的要求。对成绩优异者和有特殊兴趣与专长的学生,可以多指定一些作业和参考书以发展他们的志趣、个性与专长;对成绩较差的学生,可根据其接受程度布置一些适应其水平的作业,以增强他们的自信心、激发他们的学习兴趣与热情,帮助他们尽快地提高或逐步地赶上大家的水平,切忌偏高偏难,以免挫伤其积极性。总之,要把"跳一跳就可以摘到果子"作为布置作业的度,以照顾学生的不同个性差异,使每个学生都享受到成功的喜悦,进一步增强学生的信心。

最后,教师要与家长密切配合,共同做好课外作业的辅导工作。课外作业因其主要是在家庭中完成的,教师在提出明确的要求和进行必要的指导时,还必须与家长沟通,协同一起,共同完成该项工作。教师要帮助家长熟悉学校有关课外作业的规定,明白学校对自己和孩子的要求,不要代替孩子完成作业,以免损害他们的自信和自尊,剥夺他们发展学习技能及从亲自动手中获得领悟与成功的机会。有不少家长,为了孩子将来能进入重点院校,往往在家中增大课外作业量,使学生学习负担加重,教师应做好这些家长的工作,让他们能科学合理地对待家庭作业。另外,教师还要与家长协商让他们对孩子的家庭作业抱有积极的态度,为孩子提供一个安静舒适的作业环境,并同孩子一起制订计划,敦促孩子按时完成作业,并且在孩子作业完成后认真检查,积极评价。总之,只有教师和家长双方密切协作,才能不断促进儿童学业、心智更好地向前发展。

总之，我们要打破固有的形式，让作业成为学生学习生活中最灵活的部分，要激励学生有敢想、敢说、敢写的勇气，引导他们积极、主动地挖掘自己的潜力，发挥自己的聪明才智。让作业不再是套住学生手脚的桎梏，而是放飞他们灵性的湛蓝的天空，让他们自由地释放出学习和创造的激情，体验到学习和创造的快乐。

二、美国教师留置的课外作业

大多数美国教育研究者和一线的教师对课外作业进行了不懈的研究和探索，目前在美国形成了与其文化背景相适应的课外作业特色，即贴近生活（Real Life）的课外作业。这种课外作业与学生个人情况紧密相连，适合每一个学生的能力和生活背景；这种课外作业能够使学生意识到他们正在学习的知识的价值，同时又能够使学生对学校形成一种积极的态度，因为他们知道这种课外作业培养了他们的生活能力。它所依据的原理是，当鼓励学生们在实际生活中运用课堂上所学的知识时，他们对这些知识的理解就特别深；当学生们意识到所学的知识会马上运用到现实生活中去时，课堂上所学的知识就越发有意义。同时，课外作业的设计注重多个认知维度（注：认知过程维度主要分为记忆、理解、应用、分析、评价、创造六个层次。）目标的实现。下面用列举的方法加以说明。

【案例1】

《记忆中的妈妈》——母亲节纪念品（四年级）

母亲节就要来临了，请依照下列题目，每天写一段文字。

1.和妈妈一起度过的一个节日。

2.和妈妈在一起的开心一刻。

3.妈妈给我的最好的建议。

4.我跟妈妈撒小谎的时刻。

5.妈妈让我最钦佩的事情。

6.跟妈妈一起的难忘旅行。

7.妈妈给我的一次教训。

8.我的妈妈很特别,因为……

9.我的妈妈最开心,当……

还可以加入一些你自己的东西,之后将所写的文字汇总,制成《记忆中的妈妈》一书,送给母亲作为节日礼物(家中没有母亲的,可以写一位你生活中特别的亲人)。历时一周。

【案例2】

关于人类的行为

让学生以小组合作的形式讨论采用的研究方法,每个小组根据下列这些问题写一份2-3页的分析报告。

1.本小组所期望的研究结果是什么?

2.它们与最初的研究结果相比,有什么不同?为什么不同?

3.你们认为,最初的研究方式符合伦理道德吗?

4.在下节课上,进行小组之间的方法论的交流,递交小组的分析资料。如果需要的话,让小组实施他们的实验。

【案例3】

你了解天气吗?

要求:让学生探究天气预报的重要性,然后自己制定一个天气预报。

课外作业:

1.在学生们完成研究之后,每一组准备一个5分钟的天气预报。每一个报告应该包括导言、预报内容等。

2.创建一个柱形图,表明不同天气的相似点和不同点。包括在什么地点和怎样的气候环境中,某一种天气经常发生?通常持续多久?对地面和人们有什么影响?

3.对最近的一次自然灾害(洪水、飓风、水灾、龙卷风等)展开调查研究。根据你找到的信息,创建一个小册子来描述天气条件的影响力,并阐释一旦发生这种情况该怎么做(注明资料查找的网站和其他来源)。

上述三例课外作业,分别体现了美国中小学课外作业设计方面的特点:一是能够促进学生在课外作业中进行自主、合作、探究的学习,而且有些课外作业还体现出很强的原创性和思考性,能够培养学生的学习兴趣,锻炼其学习能力,鼓励学生不断创新,这种作业也最能够给予学生尽可能大的发展各项能力的空间和展示自我的机会。

　　总之,这些特点使得美国中小学课外作业能够帮助学生养成和巩固良好的学习习惯、促进自制力、责任心以及学习兴趣等终身受益的优秀品质的形成,让学生在作业中体验成功,通过作业促进其发展。

三、教师设计课外作业启示

(一)设计回归生活的课外作业

　　杜威曾说,"当我们以儿童生活为中心并组织儿童的生活时,我们就看到他首先不是一个静听着的人,而是完全相反。"因此,设计课外作业要坚持课外作业回归生活的原则。也就是说,我们要减少学生知识性课外作业的数量,优化其质量,增加实践性作业,加强知识性课外作业与社会生活的联系,让学生的课外作业回归生活世界。

(二)设计体现学生个性化的课外作业

　　加德纳的多元智力理论认为:每一个学生的智力都各具特点并有自己独特的表现形式,有自己的学习类型和学习方法,教师要将学生视为具体的、活生生的、有丰富个性的、不断发展的个体,根据学生身心发展和课程学习的特点,尊重学生的个性差异和不同的学习需求,给每个学生提供思考、创造、表现及成功的机会。因此,对学生课外作业的设计应做到因材设计,客观看待学生身上存在的学习风格、能力、智力发展水平等方面的差异,采取分层作业的方式,使每个学生在自己原有的基础上得到最优发展,真正让作业对每个学生都适合并且发挥最大的效益。

(三)设计具有趣味性的课外作业

　　单调乏味的课外作业容易使学生产生疲劳,并会使学生对课外作业产生厌倦心理。教育学家乌申斯基曾说过,"没有丝毫兴趣的强制学习,将会扼杀学生探求真理的欲望",兴趣是一个人获得知识、发展能力的巨大动力,它可以使学生变被动为主动。因此,课外作业的设计也应讲求趣味性,以生动、形象的形式提高学生作业的兴趣,发挥他们的主观能动作用。同时,寓知识的学习和技能的训练于趣味性的练习之中。

(四)设计体现开放性的课外作业

作业的开放性是作业优质化的一个时代特征,有利于学生个性的多元发展。我们在设计学生作业时,一要考虑到课外作业的空间的开放。社会生活是学生进行实践、获取知识的广阔天地,教师可通过课外作业把学生引向家庭与社会,拓展学生的学习空间,全面提升课外作业的价值。二要自觉实现作业在内容、形式、时间、数量、难度等方面的多角度、多层次开放。学生的课外作业形式应多种多样,可以是口头类的讲故事、唱歌,也可以是操作类的实验、小制作等,还可以是书面形式的小论文、调查报告等;有些课外作业可以独立完成,有些则须小组合作完成;课外作业完成的时间有一定的弹性,根据作业的难度适当放宽课外作业的时间。教师在设计时应考虑到每一个学生的个体差异,满足不同学生的需要,使每个学生都能得到充分的发展。

(五)设计具有合作性的课外作业

学生合作精神和能力的培养是新课程改革的重要目标之一。新课程的生成性、建构性,也要求学生之间加强合作,所以作业不再以独立完成为标准,而是强调学生之间加强合作、学会合作,让他们学会共同解决问题。因此,课外作业由独立走向合作,是其改革的必然趋势。一些与学生所学内容相关的研究性主题或项目比较适合学生进行小组合作共同来完成,所以,教师在设计课外作业时,就有意识地把学生分成若干学习小组,分组的原则是组内异质、组间同质。学生在完成课外作业的过程中,除了小组成员外,还可以寻求其他同伴、家长和教师的帮助与支持。在做作业过程中,学生必须认识到自己和其他组员间是密切相关的,要树立"人人为我,我为人人"的意识,和其他组员在一个小组内共同工作,分享资料,提供支持和鼓励,共同完成一项任务,从而使组员的学习效果最大化。

总之,美国的一些成功经验和理论成果可以为我们提供一些启示,让我们有了理论支撑和实践保障,更加自信地走下去。同时,我们也应清醒地认识到,伴随着新课改的深入作业改革不是一朝一夕的事情,需要广大教育工作者不懈地探索,不断地创新,树立"以人为本"的理念让学生感受到课外作业的快乐,促进学生整体素质的提高。

四、教师批改学生作业的艺术

(一)教师批改作业能促进教学质量的提高

教师批改作业,一方面,教师可以从学生那里得到有关信息,把握学生知识掌握和能力发展的程度,及时调整教学方案,修正教学行为,确保后续教学的实际性、有效性和针对性;另一方面,学生是学习的主体,在学习过程中,学生输出信息后,从来自教师的反馈信息中得到肯定或否定的评价,可以使自己刚产生的认识得到确定,从而促进知识的接收和强化,或及时矫正自己的认知偏差,变换思维方式和理解角度,改进自身的学习策略。因此,教师批改作业有助于师生双方了解和分析教学成败的原因,以便于调整教学目标、进度和方法,无疑会促进教学质量的提高。

(二)及时反馈有利于提高学生的成绩

教师及时反馈学生作业情况,对学生的成绩提高起着显著的作用。其理论依据有:

1.德国的心理学家艾宾浩斯研究的遗忘规律,我们不难从遗忘曲线(见图1)看出:遗忘在学习之后立即开始,而且遗忘的过程最初进展得很快,以后逐渐减慢。及时反馈和评价的目的就是让学生及时调整有关错误信息,同化和顺化正确信息,加强对信息的理解和记忆。

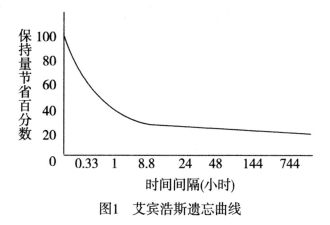

图1　艾宾浩斯遗忘曲线

2.美国心理学家罗斯(C.C.Ross)和亨利(L.K.Henry)的"反馈效应"实验,他们把一个班的学生分为三组,每天都接受测验。第一组每天都有学习结果的反馈;第二组每周有一次学习结果反馈;第三组则没有学习结果反馈。进行8周后,改变做法:除第二组仍每周有一次反馈外,第一组与第三组的做法互换,这样再进行8周,结果如下图所示:实验结果表明,及时反馈在学习上的效果是极其显著的。

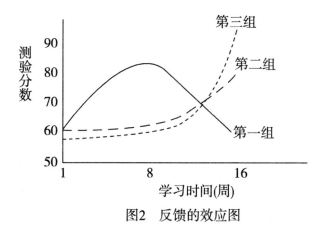

图2　反馈的效应图

3.全面评价有利于取得更佳教学效果

为了充分发挥及时反馈的促进作用,还应对其学习态度和主动性等方面作出适当的评价。佩奇(E.B.Page)研究发现,教师对学生的学习结果除给以分数或等级外,要适当增加具有针对性的评语,即根据学生反馈的信息中出现的具体情况给以校正或相应的好评,这对学生来说,具有最大的强化作用,有利于提高学生的学习成绩。所输出的信息得到应有的肯定评价,他们就会从中获得求知的快乐和成功的愉悦,学习自信心就会不断增强。学生在动机阶段形成的期望在反馈阶段得到了肯定,他们的学习动机得到了进一步的强化。

显然,这种及时反馈和全面评价除了具有明显的调节作用和动机作用外,还有较强的情感因素作用。

此外,采用及时的针对性的评语评价,在肯定学习成绩的同时,又指出他们的不足,通常能使学生保持适度的焦虑。而适度的焦虑能提高学习效率。焦虑水平过强和过弱,都会使学习效率降低。焦虑水平过低,动机过弱,不能激起学习积极性,反过来,过强的动机可表现为高度焦虑和紧张,也会引起学习效率降低。这一规律被称为叶克斯——多德森定律(见图3)。从图3可以看出,焦虑程度和学习效率之间呈倒 U 型曲线关系。

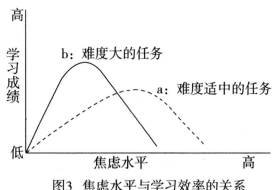

图3 焦虑水平与学习效率的关系

对个别优等生和后进生还可以采用面批的方式进行,使信息反馈更快,矫正更及时,调控更具有针对性。另外,还可以适当开展学生间的互批作业活动,使学生们回收大量的反馈信息,在互相帮助中得到矫正,共同提高。这样做,同时还增进了同学之间的友谊和凝聚力。

第二节 合理安排测验考试

考试方式

（一）口头测试评定

（二）笔试评定，以试卷的形式进行

1.试卷命题时要注意以下几点：一是关注情感，体现人文关怀，使学生感到考试并不是严肃的被查过关，而是愉快的自我检测和练习。二是关注差异，满足不同追求，让不同的人在学习上得到不同的发展。三是关注过程，引导探究创新。试题新意浓、思路广、自由度大、探究性强，不仅能激发学生的学习兴趣，而且能考查学生的探究精神和创新思维。四是关注生活，培养实践能力。

2.类型

（1）开卷式考试

学生在开放的状态下，通过调查、查阅资料，访谈、探究等形式对试题进行解答。开放式考试的试题是开放性的，试题的答案是多样性的。在当前的所谓"开卷式考试"中，并没有设计开放性的题目，而是将需要记忆的东西变成了在限定的时间内查阅教科书，如"速度是____。"这样的开卷考试不仅没有达到促进学生发展的目的，相反，还挫伤了学生学习的积极性。

（2）闭卷式考试

闭卷考试仍然是教育评价的一种重要手段。发展性评价中的闭卷考试的命题是以课标为依据的，试题的价值取向是使学生在一个宽松的答题氛围中进行，让学生能充分展示自己的学习成果，体现自身的价值；考试的内容应加强与社会实际、学生生活的联系，重视对基础知识的掌握和能力以及思维的培养，意识的创新；试题不仅关注结果，更注重答题的过程和方法。闭卷考试的形式可以是多种多样的，如：随堂测验、单元测验、期中测验、期末测验等。闭卷考试的结果呈现也可以是多种多样的。如,分数(试后分数、区间分数、预支分数等形式)、等级、评语,或分数＋等级＋评语。

(三)成长记录袋

记录发展轨迹,在成长记录袋中存有学生成长、发展的闪光足迹。其中的内容既有学生自主选择的,也有与教师共同确定的。

(四)成果综合展示

在终结性评价时,我们可以采用"等级＋鼓励性评语"的评价方法,对学生的学习质量仍评为优、良、中、及格、待及格等五个等级进行各学科综合评价。

【启发】

历史题该怎么考

一次偶然的机会,发现美国世界历史的一道题目:成吉思汗的继承人窝阔台,当初如果没有死,欧洲会发生什么变化?试从经济、政治、社会三方面分析。

有个学生大意是这样回答的,这位蒙古领导人如果当初没有死,那个可怕的黑死病就不会被带到欧洲去。如果没有黑死病,神父跟修女就不会死亡。神父和修女如果没有死亡,就不会怀疑上帝的存在。如果没有怀疑上帝的存在,就不会有意大利佛罗伦萨的文艺复兴。如果没有文艺复兴,西班牙、南欧就不会强大,西班牙无敌舰队就不可能建立。如果西班牙不够强大,意大利不够强大,盎格鲁撒克逊会提早200百年强大,日耳曼会控制中欧,日耳曼跟奥匈帝国就不可能存在。老师一看,说:"棒,分析得好。"其实这种题目老师是没有标准答案的。

相比之下,我们的历史教育就很有问题。翻开我们的教科书,题目是这样出的:甲午战争是公元哪一年爆发?签订了什么条约?割让多少土地?赔偿多少银两?每个学生都努力背答案。人家培养的是能力,而我们灌输的是知识。